U0111771

大展好書　好書大展
品嘗好書　冠群可期

大展好書　好書大展
品嘗好書　冠群可期

武術
武道技術(4)

泰拳實戰攻防技術

舒建臣 編著

大展出版社有限公司

國家圖書館出版品預行編目資料

　　泰拳實戰攻防技術 / 舒建臣　編著
　　　　——初版，——臺北市，大展，2008〔民97.11〕
　　　　面；21公分，——（武術、武道技術；4）
　　　ISBN　978－957－468－648－3（平裝）

　1. 拳擊　2. 泰國

528.971　　　　　　　　　　　　　　　97017386

泰拳實戰攻防技術　　ISBN 978－957－468－648－3

編　　著/舒建臣
責任編輯/張建林
發 行 人/蔡森明
出 版 者/大展出版社有限公司
社　　址/台北市北投區（石牌）致遠一路2段12巷1號
電　　話/（02）28236031・28236033・28233123
傳　　眞/（02）28272069
郵政劃撥/01669551
網　　址/www.dah-jaan.com.tw
E－mail／service@dah-jaan.com.tw
登 記 證/局版臺業字第2171號
承 印 者/傳興印刷有限公司
裝　　訂/建鑫裝訂有限公司
排 版 者/弘益電腦排版有限公司
授 權 者/北京人民體育出版社
初版1刷/2008年（民97年）11月

定　價/280元

目　錄

第一章

泰拳的基礎訓練

從事泰拳搏擊是需要一定的天賦的。然而對於這樣一種對抗性極強的技擊術，任何人都必須經過非常專業的艱苦訓練。有志於從事泰拳運動的青少年，從一開始，就應當將自己置身於科學的原則下進行訓練。

泰拳的主要訓練內容包括身體素質訓練、技術訓練、戰術訓練和精神訓練等幾個方面，此外，還有許多能促使泰拳水準不斷提高的其他訓練手段。

由於泰拳在國際搏擊賽場上的地位日益上升，國際賽事接連不斷，泰拳手們在賽場上所表現出來的搏擊水準也越來越高，一名拳手如果訓練水準沒有達到較高的程度，是無法應付哪怕是較低層次賽事的對手的。

因而在現今的泰拳訓練中，對於拳手在訓練中提出的要求也越來越嚴格，訓練強度越來越大。

泰拳在其漫長的發展過程中，經過歷代著名拳師的不斷實踐和科學總結，形成了一整套內容豐富、科學實用、獨具特色的訓練體系。

拳手在經過科學而系統的訓練之後，身體各部位的功能將得到全面均衡的發展，能夠從容鎮定、機敏靈活地參加到實戰搏擊中去。

第一節　泰拳的適應性訓練

泰拳的高度立體化的打鬥技巧，是泰拳拳手經過長期的艱苦訓練獲得的，其間很難說有什麼所謂的「捷徑」可走，事實上是全憑拳手們在日復一日的訓練中使自己的身體功能逐步適應實戰搏擊的運動過程。

在這一艱苦的過程中，拳手們的身體各器官、系統的功能適應性得到了根本的改造，基本適應了泰拳的高度打鬥技巧的要求。拳手的身體適應性越強，就越能在實戰搏擊中得心應手，勝利和榮譽才會開始向他招手。

泰拳的訓練就是要求拳手透過各種有效的訓練方法刺激自己身體的運動適應過程，並且由這種反覆的刺激不斷強化拳手的適應能力，以達到最終追求的目標。

換句話說，泰拳訓練的任務就是要求拳手由複雜的訓練和較強的運動負荷，打破原有身體的生理適應平衡，使其在新的水準上產生新的生理適應和平衡狀態。

要達到這種較高水準的適應能力，則必須經過長時間和大強度的運動訓練，努力克服生理上和心理上的重重障礙，逐步使自己的神經、肌肉和機能水準達到很高的程度。泰拳的適應性訓練，所針對的是身體各器官的生理因素，主要體現在呼吸系統、神經系統、骨骼、肌肉等方面。

呼吸系統主要表現在心血管、呼吸狀態和身體能量代謝上的生理適應，這方面的適應狀況將決定拳手承受大強度的技術、體能訓練和在日趨激烈的大賽中擊打和抗擊打

的能力。具備了此種能力，拳手們就可以在激烈運動的狀態下盡可能地節省體能和平衡呼吸。神經系統的適應，可以使拳手以快速敏捷的變化提高各種技術動作的使用能力，形成良好的實戰搏擊狀態。

骨骼、肌肉、關節的適應，可以使拳手的力量、速度、柔韌性等達到較高的水準。

當然，並不是說經過適應性訓練後就大功告成了，拳手必須注意：隨著身體訓練水準的逐步提高以及戰術能力的逐步完善，還要不斷提高自己的搏擊應變能力和預判能力，使之隨著身體的適應訓練的提高而同步提高。

一、泰拳的基礎訓練大綱

1.訓練內容
- 拳法、腿法、肘法、膝法、摔法。
- 制定科學合理的訓練計畫。
- 瞭解每一個拳手的年齡、身體狀況和技術水準。

2.專項素質
- 各種技術技法的專項素質訓練。

3.初級訓練階段
- 初期以基礎技術訓練為主。

4.訓練負荷
- 加強專項動作的素質訓練。
- 確定重複的次數。
- 確定練習的組數。
- 合理安排動作幅度和速度。
- 合理安排間歇的時間。

二、基礎訓練的基本要求

訓練的系統性和整體性

● 確定訓練目的。

● 制定合理的訓練計畫和預設注意事項。

● 循序漸進地進行各種技法的訓練，發展身體各部肌群，提高動作的協調性。

● 確定訓練的不同階段。

● 協調各種技法和身體素質的同步發展。

● 以先易後難的順序進行訓練。

● 保持訓練的連續性。

● 科學合理地安排訓練的負荷量。

● 發展專項的素質訓練。

不斷提高技術技能的全面性和針對性。

以上僅僅是一些簡要的例舉，拳手們究竟應當如何進行有效的訓練，還是需要在有經驗的教練員的具體指導下進行。

至於一名拳手究竟應當怎樣進行訓練才能收到較好的效果，在本書的其他部分以及本書的姊妹篇中還有較多的介紹，這裏只是概要地說幾句：注意早期的基本能力的培養；向身體素質的全面發展努力；重點訓練，提高單一的身體素質；串聯訓練各種技術；合理安排訓練中的運動量；注意自身精力和體力的消耗情況。

必須強調一句：泰拳不是在短時間內就能夠完全掌握的。

第二節　泰拳訓練中的身體攻擊部位或保護部位

　　泰拳和中國武術有許多相似的地方。在實戰搏擊中，泰拳同樣為了追求實戰的效果而突出對對方身體的一些要害部位進行重點攻擊，以縮短搏擊的時間和提高攻擊效率。泰拳經歷了長時間的實踐，確定了人體一些重要部位成為其攻打的目標。但是，在一般情況下，泰拳的拳師們會告訴自己的弟子，不要輕易地向這些曾經認為是有致命效果的身體部位發動攻擊，以免招致麻煩。

　　而且，對這些致命目標進行攻擊的技術招法，在長年累月的泰拳傳授中，拳師們往往只將它們傳授給自己絕對信得過的親信弟子。

　　在擂臺上或是正式比賽中，身體的某些重點部位是禁止擊打的，因此，拳手應當明白在什麼情況下使用什麼樣的打法，一定要做到心中有數，不能不分地點、場合地任意運用。

　　泰拳在實戰搏擊中經常攻擊的對方身體的重要部位（圖1-1）：

　　1. 頭頂（俗稱「天靈蓋」）；2. 太陽穴；3. 耳根；4. 鼻；5. 下頜；6. 咽喉；7. 頸部；8. 心臟區；9. 腹部；10. 肋部；11. 胃脘；12. 臀部；13. 襠部；14. 大腿關節；15. 小腿脛骨；16. 膝部。

　　此外，還有一些其他的擊打部位，拳手可以根據自身訓練水準的不斷進步，有選擇地進行訓練。

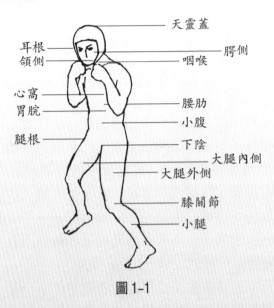

天靈蓋

耳根
頷側

腭側

咽喉

心窩
胃脘

腰肋

小腹

腿根

下陰

大腿內側

大腿外側

膝關節

小腿

圖 1-1

反過來講，既然以上部位是我們攻擊對方的身體的重
要部位，同樣也會是對方向我進行攻擊的重要部位。因
此，拳手還需要提高自身的防護能力和抗擊打能力，以免
在實戰中遭受對方的致命打擊。

也可以這樣說，一個好的拳手不僅要練出高超的攻擊
手段，同時也必須掌握非常嚴密的防守技法。

第三節　泰拳的呼吸訓練

泰拳的訓練水準的高低與拳手的呼吸狀態的好壞是分
不開的。不同的訓練技術常常伴隨著不同的呼吸方法。因
為當身體以不同的運動方式運動時，對氧的需求也不同。
經過嚴格訓練的泰拳拳手在克服呼吸循環機能的惰性的能

力要遠遠強於一般較少接觸訓練的人，而且在獲得最大攝氧量的能力方面也較強。因而即使在非常劇烈的運動中，氧債的產生較少，身體調整呼吸狀態的能力較強。

　　泰拳和其他武術拳種一樣，非常重視呼吸的重要作用，在拳技的訓練中十分注意保持呼吸能力的訓練。泰拳在長期發展中，根據其拳法技藝的功能特點，形成了一些有效實用的呼吸方法。這些方法使得拳手們在訓練中和實戰時呼吸順暢、氣體交換順利，從而直接幫助拳手們大大提高了訓練品質和運動品質。

　　泰拳的呼吸方法是直接有效的。它大致分為從拳樁的基本運足自然呼吸、定氣、發氣、固氣幾類。這幾種方法在訓練和實戰中根據實際需要靈活地使用，前提是在平時的訓練中必須加強呼吸的訓練，給自己打下堅實的基礎。

一、拳樁運足呼吸法

　　最基本的泰拳拳樁運足呼吸法，是在相對正常的狀態下，或者說在展開大強度動作前的一種自然呼吸方法。它以輕巧自然的拳樁移步，使拳術意識、輕微動作和呼吸三者密切配合、渾然一體。

　　特別強調拳手在運足時精神集中、固氣靜心，任自身的呼吸吞吐自然，並和拳樁的姿勢達致合一的水準，促使拳樁姿勢自然流暢、敏捷輕巧。（圖1-2）

圖1-2

二、定氣呼吸

當與對手處於搏擊前的對峙狀態，或者尚未進入有效攻擊距離、雙方僅處於進退移動狀態時，拳手此時的呼吸方法為自然調息，要做均勻深長的呼吸，使肺部獲取充分的氧，或者採取腹式呼吸，配合以拳樁運足，隨時調整馬步，做好應對突然變化的準備。（圖1-3）

三、發氣呼吸

發氣呼吸是泰拳中最為重要的呼吸方法。拳手在發招時，吐氣應隨著動作的瞬間變化助勢發出。這種瞬間助氣發力的方法，可以使拳手在最短的時間內更換體內的濁氣，促使擊出的動作與呼吸相配合，發招就會顯得快速有力。泰拳發氣助力時，拳師們常常發氣有聲，以配合動作擊出的威力。（圖1-4）

圖1-3

圖1-4

在泰拳中，有四種常見的發聲，它們是：吭、呵、嘶、呃。

吭——拳手以鼻腔噴氣成聲；

呵——拳手從喉部呼氣發聲；

嘶——拳手以舌逼氣發聲；

呃——拳手以口腔吐氣發聲。

這四種泰拳中常見的吐氣發聲方法，每一種都與吐納和動作緊密結合，使拳手動作的發揮開合協調得體、攻擊有力。

四、固　氣

固氣是拳手與對手處於近戰甚至糾纏中所使用的一種呼吸法。在與對手貼身近戰中，拳手需要不斷地運勁發力，以對付對手的攻擊動作。此時拳手需要以閉氣來抗拒對手的招式和勁力，並敏捷地利用動作變化的瞬間進行短促的呼吸，以配合自身的動作開合。當拳手可以利用短促呼吸法時，應果斷地以口吸氣，吸氣要迅速而深長；在發力擊打對手的瞬間，短促地呼氣。總之，固氣呼吸法就是利用牽引對手發力時所採用的吸、呼氣方法。（圖1-5）

在泰拳的實戰搏擊中，拳手的動作往往是異常猛烈的，身體的生理反應常常會很快出現極點，以致影響了技術水準的發揮。為了減少或避免這種情況的發生，拳手在日常的訓練中應當盡可能使自己的呼吸與身體的動

圖1-5

作密切配合，學會有意識地調節好呼吸，特別是深呼吸的能力。控制好這種呼吸，可以把血液中過多的一氧化碳較快地排出體外，減少血液的酸度，同時減少了呼吸中樞對人體的刺激作用，也有效地克服了植物神經系統的惰性，使呼吸始終保持基本順暢，心率相對平穩，肌肉得到放鬆，從而保證自己有能力完成複雜的攻防動作。

第四節　泰拳的精神修練

泰拳在世界武壇上稱雄數百年，享有「八臂拳術」的美譽。之所以獲此殊榮，不僅僅是因為泰拳拳師的鐵腿鋼膝，另有一個重要的方面是泰拳所強調的精神氣勢。歷代的泰拳拳師都極為重視心理素質和精神氣勢的自我調節，甚至將其上升到比技術發揮更高的地位。拳手們認為，一個拳手的精神氣勢的狀態如何，一定程度上會決定其在實戰中的勝負關係。泰拳比賽開始前，教練員都會進行耐心的精神指導和技術指導，服務人員則會進行周到的服務，同時，拳手也會努力地用平日訓練中接受的精神教育調整好自己的情緒，以便以最佳的精神狀態投入比賽。

由於泰國人大多信仰佛教，所以在泰拳比賽開始之前，都要舉行一個簡短的宗教祈禱儀式，並為參加比賽的選手助威鼓勁。拳手們在宗教儀式上，一般表現是雙手合十，兩眼緊閉，神情嚴肅，默默無聲，而在內心卻充滿著對神明的祈求，幫助自己在拳臺上戰勝對手。

泰拳的宗教祈求儀式，由於泰國各府拳師的傳授方法不同而略有不同，但大致的意思是相同的。拳手在進行宗

教祈求儀式時伴隨著泰國古老而獨特的音樂，把自己的精神寄託於神明，鼓勵自己在實戰搏擊中不會懼怕對手的擊打，敢打敢拼。有時拳手在上場前，還在頭上戴著表示驅邪的花環或在手臂上束上一條可以讓自己避邪取勝的帶子。泰拳拳師的這種精神寄託法是大多數國家的運動員做不到的，泰拳拳師以這種近乎神秘的宗教信念作為精神支柱，借助這種精神支持減輕自己的思想負擔，輕裝上陣，力求比賽的勝利。

揭開泰拳這種獨特的、甚至有點神秘的精神氣勢修練法的面紗，其實並不複雜。用當今的科學眼光來觀察，泰拳的精神氣勢修練，其實也是一種人體神經系統和心理因素的特殊性活動。首先，神經系統負責著人體的骨骼、肌肉和關節的協調運動，它還對人體的呼吸、消化、內分泌、循環系統等都直接或間接地起到調節作用。由神經系統的調節，使得拳手的身體在實戰中對於各種變化都會產生即刻的反應，拳手利用這種外在刺激的心理反應，產生積極的心理活動，快速指導自己的行為，這種較複雜的心理活動同時支配著拳手的知覺、記憶、思維、注意力、情緒、意志、動機、氣質，以及性格上的非智力因素，從而形成泰拳拳手的獨特的精神氣勢。

泰拳這種精神氣勢說到底是為建立積極的心理狀態服務的，以達到健身助氣的作用。這種精神氣勢對於拳手而言有著多方面的非同一般的作用，它可以促使拳手產生積極的思維和情感，使之在實戰搏擊中，對於一般人容易產生的抑鬱、焦慮、困惑等不利的心境有著積極的抵抗和克服作用。它可以使拳手在實戰中有一種威懾對手的氣勢，

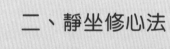

令對手產生壓力和恐懼心理。它還可以使拳手在日常訓練中能夠很好地融入集體中，同隊友進行快樂的交往，在這種相互交往中又進一步促進了拳手的心理健康。同時，心理上的健康可以有效改善拳手的心血管系統功能，使得自身體溫恒定，有利於保持神經纖維的正常傳導。

泰拳的精神氣勢訓練要科學地進行，才能有利於身體的健康，達到預期的效果，否則會適得其反。

一、泰拳的煉心法

煉心法是泰拳獨特的行功方法，它的本意是以拳手誦咒語的形式來產生超凡的法力，使拳手獲取超常的勇力。泰國的咒語煉心包含許多內容，在泰拳中主要以英勇善戰的神話人物為主，這些神話人物有「偉大戰士」「坤朋之心」等等。比賽開始前，拳手在誦咒和緬懷英勇善戰的英雄人物時，讓自己的身心達到高度的合一，充分調動起自身的潛能，祛除一切膽怯的心態，滿懷信心地迎接挑戰。

二、靜坐修心法

圖 1-6

拳手坐於平地，兩腿疊壓在一起，兩腳翻於大腿上面，腳趾向兩邊伸；兩手在小腹部相疊，掌心向上，拇指向外展；身體姿勢自然端正；全身進入放鬆狀態，口眼微閉，靜心自然呼吸，心境逐步進入無雜念的境界。（圖 1-6）

　　靜坐修心法是佛教坐禪的一種方法。因為泰國人多信佛教，故而在泰拳的修心法上也有許多方法與佛教相似。修心法在佛教中叫「跏趺」，是佛教禪功修行的主要方法。

　　透過這種靜坐修心，可以使拳手精神高度集中，身體與精神高度協調，搏擊中不懼生死，從是非、貪欲、憂慮、傲慢等困惑人們的身心的煩惱中解放出來，重新尋找到寧靜和清新。

　　有關與泰拳相關的靜坐法本文不做展開，可以查閱坐禪修心的資料，選擇一種適合自己的修心法，進行靜心的練習。

第五節　泰拳的熱身運動

　　熱身在泰拳中也是做準備活動的意思，它是在訓練或比賽開始前所做的身體準備活動。熱身的好處是使得拳手身體發熱，由一些簡單有效的活動使肌肉頻繁收縮，體內新陳代謝增強，隨之體溫逐步升高，進而使肌肉的粘滯性下降，提高了收縮與舒張的速度，增加了肌肉強度，提高了神經和肌肉的組織興奮性，增加了肌肉和韌帶的伸展性和柔韌性，使得拳手在開始進行劇烈的動作時能有效地預防運動損傷。

　　拳手在賽前做一些熱身動作，可以有效地緩解緊張的心情，調節好賽前的狀態，使拳手的大腦處於適度的興奮狀態。熱身活動的量不要太大，以免影響正常的活動。

　　熱身活動量究竟需要多大，應根據拳手自身的情況和天氣情況來決定。如果在北方比較寒冷的天氣下，熱身活

動的時間可適當長一些。

需要說明的是，在完成訓練之後，也可以做一些稍輕微的熱身活動作為整理活動，以便將處於緊張訓練狀態的身體放鬆下來，還有一些其他的和緩練習方法，也能逐漸使身體肌肉放鬆，使各內臟器官逐漸恢復到安靜狀態。必須強調，訓練前的熱身活動和訓練後的整理活動是泰拳拳手訓練中不可缺少的內容。

熱身活動可以選擇的內容：

一、頭頸運動

兩腳自然站立，兩手屈臂握拳，頭隨頸的擰轉做向前、向後、向左、向右的擺動動作，然後做向左、向右的

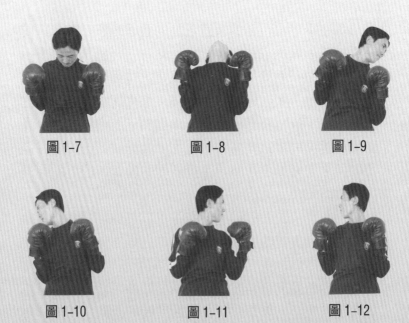

圖1-7　　　　圖1-8　　　　圖1-9

圖1-10　　　　圖1-11　　　　圖1-12

圖 1-13   圖 1-14

擰轉動作。（圖 1-7～圖 1-12）

由於人體頸部神經密集，有動脈和靜脈通過，因而拳手在開始練習時動作應稍慢一些。頸部運動不僅能鍛鍊頭頸部的靈活性和柔韌性，也有利於一些泰拳拳法的充分發揮。

二、伸臂運動

兩腳自然站立，兩手自然垂於身體兩側；左手開始屈肘向前下伸出，輕鬆而用力地完成；右手向上、左手向下是做向後伸的動作，伸展肩、臂的關節（圖 1-13）。右式動作與左式動作相反。（圖 1-14）

手臂上伸時，可利用膝關節的彈性向上伸臂，動作幅度可大一些，伸出手臂一側的腳跟也可以隨之提起。

三、揚肘運動

兩手自然垂於身體兩側，左手屈肘向體前上方揚起，右手向後上方揚起，充分伸展臂關節（圖 1-15）。再以右

圖 1-15

圖 1-16

手屈肘向前揚起，左手做向後揚起動作（圖 1-16）。腳跟可以隨著手臂的上揚做上提動作。

　　做此動作時，可以借助膝部的彈性勁力，協助手臂輕鬆地完成動作。

四、弓背運動

圖 1-17

　　兩腳左右分開站立，約與肩同寬，兩腿伸直，兩臂自然垂於體側，上身開始做向前的弓背動作，然後還原，接著做向後的弓背動作。（圖 1-17～圖 1-19）

　　這個練習主要是發展腹、背的柔軟性，做動作時要很好地控制身體的穩定性。

圖 1-18　　　　　　　　　　　圖 1-19

五、擰腰運動

　　兩腳分開站立，兩手放鬆垂於體前，身體向前屈俯，兩手做上下的擺動，做擰轉腰部的練習。（圖 1-20、圖 1-21）

　　兩手擺動要有節奏，僅以腰部的擰轉使身體轉動。

圖 1-20　　　　　　　　　　　圖 1-21

圖 1-22   圖 1-23

六、提膝運動

兩腿自然站立，兩手握拳屈肘上抬，以左腿支撐身體重心，右腿屈膝上提；右腿落下，左腿屈膝上提。左右腿交替進行練習（圖 1-22、圖 1-23）

七、坐髖運動

屈膝坐下，兩腳掌相對，兩手握住腳，上身挺直，然後使上身向前俯屈彎腰，盡力以額頭接觸腳部。（圖 1-24、圖 1-25）

初始階段不要過於強調頭部接觸腳部，應循序漸進，以自己的承受極限為度。

圖 1-24

圖 1-25

八、屈腿運動

　　身體側躺在地面上，一腿自然伸直，另一腿大腿上抬，屈膝，用手抓住腳踝，腹部和臀部前凸，抬起的腿盡力向後，可以持續幾秒鐘，再換另一條腿練習（圖 1-26）；然後一腿上舉，用手抓住腳掌，使腿伸直，持續數秒，再換另一腿練習。（圖 1-27）

　　做此動作時，腿部該彎曲時要盡力彎曲到位，伸直時要完全挺直，以鍛鍊腿、膝的柔軟性。

圖 1-26　　　　　　　　　圖 1-27

九、腳踝運動

兩腳以腳趾站立，膝部彎曲，同時彎腰，腳跟充分提起，然後身體重心移落腳跟，緊接著以腳跟站立，由彎腰姿勢過渡到伸直腿、膝。然後，兩腿下落，反跪於地，以腳背觸地，向下做坐髖壓腳動作。（圖1-28～圖1-30）

在此練習中，要把握自己腿腳的承受能力，初始階段用力不要太猛，以防傷到腳踝關節。

圖1-28

圖1-29

圖1-30

第六節　泰拳的防守技法

　　泰拳的防守技法也屬於泰拳的基本技巧，在實戰搏擊中有著十分重要的作用。泰拳拳手在平時的訓練中就要非常注意防守技法的練習，要在提高攻擊技法的同時提高防守技法，透過嚴格的訓練，使自己的攻擊技術與防守技術融於一體，達到攻守合一的境界。在實戰中，如果僅有快速有力的攻擊能力而缺乏嚴密有效的防守能力，再優秀的拳手也會遭到對手的猛烈擊打而使自己限於被動不利的局面。如果拳手的技術達到了攻防皆優的境界，在嚴密防守的基礎上所給予對手的擊打將是致命的。與防守緊密相關的反擊法，是一種不可輕視的技術。一位成熟的拳手應在進攻發招之後迅速恢復到基礎的拳樁防守狀態。

　　事實上，積極的防守正是反擊或者進擊的開始。拳手在準備做出下一個動作前，一般都必須配合以防守動作，以防止意外情況的發生。當然，即使防守動作做得再好，完全不受到對手的擊打也是不可能的，但是有了好的防守，才能較好地保護自身的要害部位不受到對手的攻擊，也才有能力向對手發起反擊。

　　泰拳在訓練和實戰中應如何採取防守技法，取決於拳手對於對手的距離和攻擊能力的精準的判斷能力，這也是對於一個拳手的訓練水準高低的評判。特別是在距離上，如果雙方距離較遠，拳手可以比較容易地採用各種防守技法，但如果是近距離搏擊，就需要有很高水準的防守技巧了。泰拳拳師認為，為了有效地進行防守，拳手應當能夠

學會識別對手的攻擊動作預兆及其動機，準確判斷對手將
採用拳法還是腿法進行攻擊，並能在對手發招攻擊前的瞬
間做出最準確有效的防守動作，只要做到這一點，對手發
出的招數就難以改變了，也無法再變化其已經確定的攻擊
路線了，從而陷入極大的被動狀態。

在防守技法上，泰拳歷來追求簡捷有效，它在拳樁運
足技巧的基礎上，要求拳手全身都要具備防守意識，都要
參與防守，主要是以手、肘、膝、腿進行全面的防守。

一、拳樁運足法身體四肢防守精要

(一)手的擺放

先認識一下泰拳的拳樁運足定勢和移位圖示。（圖1–
31、圖1–32）

圖 1–31

圖 1–32

拳手身體的基本姿勢運用和變化如何，直接關係到成敗。在與對手對峙時，無論拳樁姿勢上有什麼變化，兩手都應始終放在自己面對對手的位置中間線上。保持這種姿勢，實際上是在防守時給身體的中前線設置了一道障礙，給對手造成一定的攻擊難度。如果對手想發起攻擊，他就必須繞過拳手的手臂，或者只能從我方身體的上下左右尋找攻擊的目標。而一旦對手採用這種方式進攻，勢必給我方的強力反擊留下了較大的機會。

（二）肘的擺放

兩臂保持彎曲是泰拳進攻和防守時所持的基本姿勢之一。兩手彎曲的同時，兩肘也自然地下垂，沉於身體兩肋側，用以保護兩肋，同時也是作為發起攻擊的準備動作。

肘的下沉動作不是緊貼於肋側，而是在兩肘下沉時肘關節還要有稍許的後引動作，這樣可以保持兩拳始終向前面對對手。

（三）腿的姿勢

兩腳馬步的距離和幅度大小不是固定不變的，可以根據拳手迎敵時的實際情況加以考慮，及時調整馬步的大小。在實戰中，當拳手的馬步保持前後站立姿勢時，膝關節需保持一定程度的屈曲，同時要能夠靈活地左右變勢，以不同的左右拳樁姿勢應敵。

左右勢拳樁的運用，常常令對方無從下手，打亂了他的攻防策略，不得不重新進行攻防部署。

二、身體防守區域的劃分

泰拳把人體分為三個區域：肘關節以上部位作為上段；肘關節以下到大腿根為中段；大腿根以下是下段區域（圖1-33）。作這樣的區分，有利於拳手在訓練中熟練地把握身體各部位位置，掌握攻防技巧。

拳手在掌握了較高的防守技術的水準之後，可以在實戰中採取靈活多變的攻防技術以求戰勝對手。若想在實戰過程中再去考慮用什麼防守方法比較有效或較實用的話，那是根本來不及的，真正在實戰中所採取的多變的防守技巧，全憑拳手在日常訓練中培養出來的條件反射式的反應。

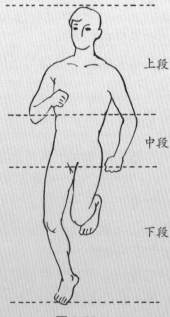

上段

中段

下段

圖1-33

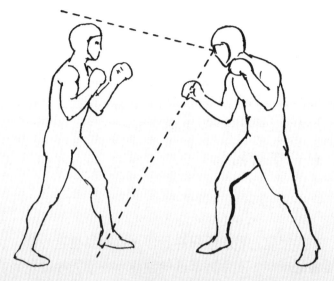

圖 1-34

一旦擺好攻防的姿勢，就要嚴密地注視對手。應該先將對手的全部狀況納入自己的視線（圖 1-34），再局部性地專注於對手的動作。泰拳最有效的防守技法，是拳手在進行有效防守的同時，伺機進行快速靈敏的還擊或者反擊，使自己能夠從相對被動的局面快速轉為主動。能夠做到這一點的拳手往往可以適時地由防守狀態轉為進攻狀態，在巧妙的運足變化中擊退敵手。

三、防守技法

泰拳的防守技法是從基本的拳樁定勢和移位手、肘、膝、腿，並做出上、下、內、外的動作，形成撥擋、掃拂、先截、抱持、拍擊、勾手、封擋等無數種防守技巧。

但是，泰拳為了不使防守技法複雜化，更加強調拳手的進步體現在技術上的熟能生巧和最終的熟練程度。它把十分複雜的防守技巧歸納為手、肘、膝、腿為主的動作，形成擋架、閃避、移步、先截、抱持五大類防守技法，從而一掃複雜的泰拳防守技法，雖然泰拳的防守技法多得數不勝數，但大致上不出這五大類防守法。

(一) 手臂掃拂

1.前手掃拂

由拳樁開始做前手掃拂動作。以兩腳穩定身體，左手自然張開成掌，右手握拳護於頜側，左手開始從左到右水平橫掃拂出，向右頜側方向，左掌發力擊掃而出。眼看前方。發出左手後應迅速恢復拳樁防守姿勢。（圖 1-35）

2.後手掃拂

由拳樁開始做後手掃拂動作。左手握拳護於右頜側，右手自然張開成掌，由右向左水平掃拂至左頜側，右手發力，含勁發出動作，眼看前方，手發出後迅速恢復拳樁防守姿勢。（圖 1-36）

泰拳的手臂掃拂防守法是以左右手臂向內和向外的掃擊對手的直接出拳和發腿（圖 1-37、圖 1-38）。掃拂防守法一般多用於防守對手的直拳

圖 1-35

圖 1-36　　　　　　　　　　圖 1-37

圖 1-38

和直線性的腿擊法，將對手的拳臂和腿腳向身體的側面掃
開，以手掌發力拍擊對手的攻擊拳臂和腿脛部，動作的幅
度不能太大，要恰到好處。

圖 1-39

（二）手臂撥格

1. 前手撥格

由拳椿開始做前手撥格動作。兩腳站立穩固身勢，右手防護身體右側，左手成掌，從身體的上方向右、向左、向下呈半圓弧形撥擋而出，勁力達左手掌或前臂部，掌心向外，眼看前方，然後收回左手，直接自然地屈臂向上恢復至原拳椿防守姿勢。（圖 1-39）

2. 後手撥格

由拳椿開始做後手撥格動作。在上身稍向左轉的同時，左手防護身體左側，右手成掌，屈肘上提，以肘關節為肘，從上向左、向外、向右下方半圓形弧線撥格而出，勁力發於右掌，然後屈肘上抬，自然恢復拳椿防守姿勢。（圖 1-40）

手臂撥格防守法多用於撥格和擋開對手的腿腳攻擊動作，時機把握比較好的時候，也可以用於撥擋對手的拳臂，阻擊對手的拳擊。手臂撥擋的動作比掃拂防守動作要大一些，實際

圖 1-40

上是掃拂技法的演變，可以使掃拂更加靈活地發揮。

　　在實戰中，如果對方運用腿擊或者拳擊時，拳手須以左右手的撥擋動作快速撥開和格擋對手的攻擊，使對手的發招動作落空（圖 1-41、圖 1-42）。在運用格擋技法時，

圖 1-41

圖 4-42

身體的重心要隨防守動作的實施而變化，這樣，即使防守動作並不靈活，也不會承受太大的攻擊力量。至於身體重心如何隨移位變化而變化，要根據對手的動作或者與對手距離的遠近來確定，然後適時地發起反擊。

當手臂的防守動作能夠熟練發揮後，還要學會配合其他技法做閃避或者腿膝的動作先截，以控制對手的攻勢。

(三)肘臂阻擋

1.前手肘臂阻擋

由拳樁開始做前手肘臂阻擋動作。兩腳站立穩定身勢，右手防護身體右側，左手屈肘，隨身體擰轉以肘部勁力向前上方挑掛而出，勁力直達肘峰，眼看前方。如果打算恢復拳樁防守，發出的左肘直接下落恢復原勢防守。（圖 1-43）

圖 1-43

2.後手肘臂阻擋

由拳樁開始做後手肘臂阻擋。兩腳站立穩定身勢，左手防護身體左側，右手屈肘，隨身體的擰轉含胸固肩發力於肘峰，向前上方挑掛而出，眼看前方。準備恢復拳樁防守時，直接下落右手肘調整為原勢。（圖 1-44）

3.雙肘臂阻擋

由拳樁開始做雙肘臂阻擋動作。兩腳站立穩定身勢，兩肘彎曲，馬步蓄勁催腰腹，促使兩肘在屈曲的同時向前方合力發出，勁力達兩手肘峰，眼看前方。準備恢復拳樁防守，直接以兩手隨腰馬的姿勢恢復原勢。（圖 1-45）

當手臂不在防守而是注重進攻時，其攻擊的威力令人恐懼。肘部由於其生理特性，在進攻或防守時的能量是很強的，比手更能利用肌肉的力量增加攻擊強度。在實戰

圖 1-44

圖 1-45

中，面對對手的攻勢，拳手可以進行左右單手屈肘或者雙手屈肘的防守，並進而發起反擊（圖 1-46、圖 1-47）。如果將手和肘的使用手段密切結合，實戰威力將倍增。泰拳的肘部防守技術可以用於封鎖對手的拳、臂攻擊。在泰拳

圖 1-46

圖 1-47

的戰術中，肘部的使用非常頻繁，在可能的條件下，拳手使用肘部，在任何角度和位置都可以實施防守和攻擊。

(四) 拋膝格擋

1. 前腳拋膝格擋

由拳樁開始做前腳拋膝格擋動作。兩腳站立調整身體姿勢，身體重心移至後腿，同時，左腿屈膝上抬，由體前中線向外側拋擺而出，膝高與腰平，勁力達於膝部或膝峰側，眼看前方。準備恢復拳樁防守姿勢時，拋出的腿膝直接下落成原勢馬步防守。（圖 1–48）

2. 後腳拋膝格擋

由拳樁開始做後腳拋膝格擋。兩腳站立調整身體姿勢，身體重心移至前腿，後腿屈膝上抬，由中線向外側方

圖 1–48

拋擺而出，勁力大於膝腿或膝峰側，落腳時恢復拳樁防守姿勢。（圖1-49）

　　泰拳的這種膝腿的拋擺動作，實際上已經屬於腿法防守的一部分，只是在技術上僅以膝部和膝部以下的小腿部分來進行防守。拋膝防守法不僅只有以膝向外的拋擺對手攻擊的方法，在技術動作熟練後，還能自如地進行發膝向內的拋膝格擋對手的攻擊。（圖1-50）

　　膝腿的防守技法不是固定不變的，在泰拳中完全可以圓活變通，比如在防守的同時，經常可以利用時機發出膝招而重創對手。在泰拳中經常可以看到拳手使用「提膝拆踢」的技巧，依靠膝峰的堅硬，拆解對手發出的中路或下路的腿法攻擊，緊接著變勢追擊對手。

圖1-49

圖1-50

（五）腿腳阻截

由拳樁開始做腿腳阻截動作。兩腳站立調整身體姿勢，重心向右腿移動時，左腿立即隨右腿的支撐作用向前迅速側踹，勁力達於前腳掌或腳外緣，眼看前方，兩手進行防護。準備恢復拳樁防守時，擊出的腿腳自然恢復拳樁姿勢。（圖1-51）

在泰拳的防守技法中，腿腳防守一般是在對付對手向中路和下路的攻擊時使用。在實戰中，如果對手向下發出腳踢招法時，拳手如用手防守則效果不好，而出腿防守就能夠很好地阻止對手的腳踢（圖1-52）。在泰拳的防守技法中，腿腳防守作用突出，拳手的大部分時間和動作都是

圖1-51

圖1-52

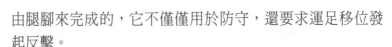

由腿腳來完成的，它不僅僅用於防守，還要求運足移位發起反擊。

應當注意，在以膝的拋擺格擋、以腿腳截擊對手時，應當在對手尚未完全發出動作之前進行快速實施。在以腿防守時，大都採取側身上提膝關節防守。這樣做的好處，有利於拳手在防守的同時快速出擊或者反擊。每一種防守技法，都要注意兩腳的馬步運足法，不要使兩腳固定在一個位置不變。同時也不要過多地採用運足技巧，一旦時機成熟，快速發起進攻才是最重要的。

四、靈活變通地運用防守技法

泰拳的防守技法雖然十分豐富，但是在比賽或者實戰搏擊中，情況是千變萬化的，因而要求拳手即使掌握了再多的防守技法，也要在運用時具有靈活變通的態度，決不能拘泥於某種固定不變的防守招式，僵硬地應對複雜多變的情況。一個成熟的拳手，應當在熟練掌握了手、肘、膝、腿的基本防守技法的基礎上，能夠有效地進行搭配糅合，使諸多防守技法成為一個有效的整體而不是一個個單一的動作。觀察一個拳手防守技術水準的高低，應當是攻而能勝、守而保持不敗，達到能攻善守密不透風的程度。在發招和收式時，能夠迅速地恢復拳椿防守姿勢，能以靈活的運足之法，擺脫對手的攻擊或糾纏。泰拳在其演進中，歷來重視研究防守技法的綜合運用，在對付對手多變的攻擊招式時，有著諸多的拆解防守格擋的方法。要求拳手在平時的訓練中，就要學會靈活機動地掌握防守技法，以使自己在實戰中真正達到防禦的目的。

在泰拳的歷史上，運用防守技術比較出名的拳師有被稱為「獨野牛」的乃蓬、有「魔術師」之稱的巫民，還有近代的「儒將」頌是等等。他們運用防守的共同特點，是能夠配合運足進行隨機應變的有效防守，在接招發招時，都能夠冷靜地對待，動作慎密穩重，所使用的招法刁鑽兇狠，常令對手防不勝防，一再受到重擊而難以招架。特別是被泰國拳壇稱為「死神星」的拳師頌狄，特別善於運用防守技巧進行二度的重擊對手，常常使擂臺上的對手心驚膽戰。

防守技法與泰拳的其他技法一樣，是在多個防守技法的基礎上，追求最終的自然、簡捷、有效、流暢的發招，以達到泰拳的「神定」境界。簡捷和有效是看起來極為複雜的防守技法的自然回歸，即把複雜的防守技巧回歸到擋架、閃避、移步、先截、抱持中。

(一)擋　架

主要以掌、臂進行抵禦，用於消解和反擊對手的攻擊，多採用臂擋、肘擋、膝擋、腿擋、內格、外格、下格、易格等方法。

(二)閃　避

指頭部和上身適當向一側的快速偏移。多採用滑閃、搖晃、蹲踞、回避、騰躍、避讓反擊等。

(三)移　步

指巧妙地運用步法移動，消耗對手的體力，削弱對手

的搏鬥信心。主要有撤步、側移、易勢等。

(四)先　截

以攻止攻，先行截擊。主要有掌按、腳撐、膝抵、肘壓等。

(五)抱　持

它是在十分疲憊的狀態下進行消極防守的做法。兩手抱持於頭部進行防守。限制對手的攻擊動作，糾纏或抵消對手的攻勢，消磨時間，待緩過氣來再乘機進行反擊。

以上五種技巧是對泰拳的防守技術的歸納。實際上，拳手在實戰中不可能先考慮好採用哪種防守技術，因為搏擊中不會給你這個時間。只有在平日的訓練中掌握好各種技法，培養出隨機應變的能力，可以這麼說，在實戰中的水準高低就是本能地反映日常的訓練水準。

第七節　泰拳的閃躲技法

閃躲技法是泰拳的又一種靈巧的防守技術，它主要用來閃躲對手的拳擊和腿擊。拳手有效的閃躲動作可使對手的身體重心失去平衡，或者使對手的攻擊落空。閃躲技法一般以腰部和步法的移動最多。閃躲是泰拳的一種最有效和最實用的防守之法，因為拳手在防守的同時，可以騰出兩手來進行還擊或反擊，或者在移步的同時，發腿踢擊對手。閃躲技術純熟，還可以使拳手在與對手保持一定距離時能夠採取任意方法攻擊對手。

泰拳對閃躲的要求是，拳手應能在閃躲時準確地判斷時間和距離。閃躲動作一旦有效，拳手就應當在對手失手或發招擊空時，對對手暴露出的身體部位和弱點及時給予有力的反擊，迅速地取得主動權。拳手也可以在閃躲時，以一手和腿進行防護，以另一手和腿發招迎擊對方的身體，發招時要注意控制自身的身體平衡，借身體的慣性增強發招的勁力。

一、閃躲技法

（一）閃　躲

1. 左側閃

　　由拳樁開始做左側閃動作。兩腳站立穩定身勢，兩手防護，重心稍移向前腳，屈膝，以腰髖為軸，上身向左側轉動 30°～45°，眼看前方，準備恢復拳樁姿勢，直接以腰髖為軸進入拳樁姿勢即可。（圖 1-53）

2. 右側閃

　　由拳樁開始做右側閃動作。兩腳站立穩定身勢，兩手防護，重心移向後腿，兩腿屈膝，上身右側轉約 30°，眼看前方。準備

圖 1-53

圖 1-54

恢復拳椿姿勢，直接以腰髖勁力恢復。（圖 1-54）

3.左右側閃

由拳椿開始做左右側閃動作。身體先準確地向左側閃後，立即恢復拳椿向右側閃，動作輕巧快速，動作幅度不要太大，應以腰馬的彈性勁力完成動作。（圖 1-55）

向一側的閃身躲避對手的拳擊或其他攻擊招法，是拳手必須掌握的技術。在實戰中，對手採取或右手或左手的攻擊（圖 1-56、圖 1-57）。這時無論哪一方，都只有一手可以

圖 1-55

圖1-56　　　　　　　　　　圖1-57

用於反擊，此時如果有一方技術比較純熟，能夠預測對手如何出招，就能搶得先機，以微小的腰身動作閃躲開對手的攻擊。

4.收腹閃

　　由拳樁開始做收腹閃動作。兩腳站立穩定身勢，兩手防護，重心向後腿上移，兩腿在屈膝的同時，腰腹快速向後方收縮，然後恢復拳樁姿勢。
（圖1-58）

圖1-58

圖 1-59

後縮腰腹進行閃躲，主要是躲避對方的拳擊，有時也可以躲避對手的彈踢。如果對方發拳進攻，我方也可以配合步法的變化躲閃對手的攻勢（圖 1-59），使對手的攻擊落空。如果出現對手擊空的情況，我方一定要把握住機會予以還擊。

（二）後倚避

由拳椿開始做後倚避動作。兩腳站立穩定身勢，兩手防護，在身體重心後移的同時，兩腿屈膝，上身隨著做後倚避動作，眼看前方，腰髖移動時要穩固身體的平衡。然後恢復拳椿姿勢。（圖 1-60）

圖 1-60

圖 1-61

後倚避防守法，是拳手與對方保持一定距離時，對手直接拳擊或腿擊（圖 1-61）。拳手在看清楚對方來招的同時，身體隨腰馬的控制向後迅速移動上身，使上身向後倚出，藉以閃開對手的攻勢，使對手發招落空。待對手攻擊未果準備收式時迅速發動反擊。

（三）下縮避

由拳樁開始做下縮避動作。兩腳站立穩定重心，兩手防護，隨著身體重心稍微下降，頭部和腰身下縮，兩手護頭部，眼看前方。然後直接隨腰馬勁力挺身恢復拳樁姿勢。（圖 1-62）

圖 1-62

圖 1-63

泰拳的下縮避防守法，僅僅是以上身和頭部的下縮來躲避對手的拳擊（圖 1-63），有時也可以躲避對手的高位腿踢法進攻。在對手以拳攻擊時，要準確判斷對手的動作，接著快速以腰身和頭部的下縮進行躲避，以使對手出拳擊空。在閃躲開對手攻擊的同時，保持隨時挺身反擊姿態，不讓對手變招再次進攻。

（四）下蹲閃避

由拳樁開始做下蹲閃避動作。兩腳移動中穩固身體重心，兩手防護，兩腿膝部彎曲，使身體重心下降成蹲避姿勢，眼看前方。然後身體隨腰馬的勁力挺身直起，直接恢復拳樁姿勢。（圖 1-64）

圖 1-64

　　下蹲閃避是使身體進一步向下落勢，以閃避對手的拳擊或腿擊。這種方法在比賽中比較常用，它是使拳手的身體重心下降，以便快速地進行縮身的下潛動作。兩腿的彎曲度要根據對手的攻擊情況而定。下蹲閃避動作大多以腰身的變化完成的，要注意合理地保持身體的下蹲平衡。（圖1-65）

　　泰拳拳手在利用下蹲閃避防守法閃躲開對手的攻勢後，可以採取兩種方法反擊對手，一是在身體潛避的瞬間，看準對手的身體破綻，突然發拳或者低腿迎擊。二是可以在下蹲閃避時，突然挺身發招，以拳法或腿法攻擊對手的頭部或身體其他部位。

圖1-65

圖 1-66

(五) 轉動閃避

由拳樁開始做轉動閃避動作。兩腳在移動中穩固重心，兩手防護，上身以腰髖部為軸，沿順時針或逆時針方向做動作，眼看前方。然後直接恢復拳樁姿勢，兩腳穩固身體。（圖 1-66）

轉動身體閃避對手的攻擊，是泰拳防守技法中比較複雜的方法，運用時的要求比較高，多以閃躲對手的拳擊為主。

轉動閃躲是拳手順著對手的擊打動作，上身以身體的上下軸為中心做旋轉進行閃躲。轉動閃躲兼具了前面介紹的一些技法的基本特徵，屬於一種較全面的防守技術，要熟練地掌握有較大困難，必須在掌握了其他防守技術的基礎上再進行練習，從而達到高級的防守水準（圖 1-67、圖

1-68）。這類防守技術最好與同伴一起訓練，可以更好地掌握技術，防止運動損傷。

圖 1-67

圖 1-68

(六)步法閃躲

　　由拳樁開始做步法閃躲動作。兩腳站立穩固身體重心，兩手防護，兩腳向前移動一步，後腳隨即跟上，恢復拳樁姿勢，眼看前方，兩腿屈膝。（圖1-69、圖1-70）

　　泰拳的運足移步閃躲法，是以靈巧的腳步快速地滑出對手的攻擊範圍，令對手的發招落空，消耗對手的體力，削弱他的信心和鬥志。移步運足閃躲是泰拳中經常採用的防守手段，拳手以移動的技術與對手周旋，使對手徒勞無功。採取的移步法多為撤步、側步或易勢之法。

　　拳手要根據對手的動作變化做向左或向右的移動，也可以進行幾步的連續移動以擺脫對手的擊打。這裏有一點十分重要：拳手應能夠準確地判斷時間和距離的變化，以輕快的步法移動時也要做好隨時反擊的準備。

圖1-69　　　　　　　　　　　圖1-70

在實戰中，對手用拳向我方擊打時，可以採取向一側的閃步來躲避對手的拳擊（圖 1–71、圖 1–72），或者採取移步後撤閃避對手的擊打。（圖 1–73、圖 1–74）

圖 1–71

圖 1–72

圖 1-73

圖 1-74

第二章

泰拳的實戰搏擊技術

　　泰拳拳手在經過了一系列基本技法和身體素質的訓練後，將走上擂臺，利用自己已經掌握的基本技術和訓練收穫，帶著開始積累搏擊經驗的期待，投入到真打實鬥的正規比賽中去。

　　泰拳的實戰搏擊，每招都有其明確目的。各種招式都可以由拳椿姿勢自由發出，關鍵是拳手要根據自己的計畫和場上情況的變化正確地決定採取何種技術。拳手在日常的訓練中，就要經常考慮如何在實戰中將所學技術靈活有效地運用到實戰中去。

　　在賽場上，不一定每一個招式的發出都有摧毀性的打擊效果，拳手應當注意的是發招攻擊的力量、速度和準確性。應當採用豐富多樣的組合進攻技法以及靈活多變的戰略戰術，首先在技術上領先對手，把泰拳高超的技擊特點淋漓盡致地體現出來。

第一節　時機的掌握

　　泰拳的搏擊時機的把握，同其他搏擊之術有相通之

處，都是攻與防相互轉化的運動形式。所謂時機，就是搏擊時所出現的空檔，把握時機就是掌握住搏擊時的時空觀念，在中國武術中稱之為時間差或空檔。時機的出現，是對手舊力剛過、打算再變招的過渡時刻，這一時刻往往為對手提供了可乘之機，這種易為人所乘的瞬間差距就是時機或時間差。「空」在泰語中有著破綻的意思，它是對手在實戰中身體某一部分暴露出來的位置，稱之為空檔。

把握搏擊的時機，靠的是拳手在實戰中的瞬間直覺的把握能力。一般情況下，時機常會從以下幾個方面出現，拳手要善於把握。

● 對手準備發招進攻而尚未發出時，或為發招而準備移動時；

● 對手欲停而尚未停下動作，還處在運動狀態時；

● 對手剛完成一個動作，正將拳或腿收回時；

● 對手失去身體平衡時；

● 對手耐力不佳，身體的繼續搏鬥能力減弱時；

● 對手被重擊而正在後退時。

搏擊時機的把握與攻擊和防守是密不可分的，即使是相當被動的防守，也有機會發現反擊的時機。搏擊的時機可以分為進攻的時機、防守的時機和反擊的時機三類。

一、進攻的時機

（一）直接發動攻勢的時機；

（二）佯攻的時機；

（三）在對手出現破綻的瞬間；

（四）憑藉功力較強硬拼式的進攻。

二、防守的時機

（一）準確地判斷距離；

（二）把握時間；

（三）不可過早防守，不可過遲防守。

三、反擊的時機

（一）對手打算出新招時；

（二）對手出招以後；

（三）對手動作受影響時；

（四）在對手動作由第一次向第二次過渡時；

（五）對手舊力剛過、新力未至時；

（六）直接地反擊。

在實戰中，要求拳手慎重地把握發招攻擊的時機。時機的出現是非常短暫的，拳手應當在瞬間發現時機並快速實施攻擊。在雙方激烈搏鬥的情況下，拳手也不可能預先想好採用何種攻擊手段，因為根本沒有這個時間，只能根據拳手平日訓練出來的綜合能力，在搏擊中迫使對手暴露出防守空檔，本能地進行攻擊。

第二節　搏擊距離的把握

搏擊距離是指拳手與對手對峙時雙方之間的距離。把握距離能力的強弱會直接影響技術發揮的好壞，距離意識一定程度上決定著進攻和防守的效果。距離在雙方對峙時是隨時發生變化的，對這種距離變化的把握主要靠步法的

移動和視覺反應，如此才能快速做出攻防動作。

　　拳手掌握了較高的技術水準，在實戰中除了依靠速度、動作品質和力量等之外，還需要拳手具備對攻擊目標的準確判斷，也就是對距離的判斷和把握。有關距離概念，存在著有效距離和無效距離兩種情況。實戰中的距離感就是指對有效距離和無效距離的基本感覺，有了這種感覺，才能確定如何進攻和防守。

　　有效距離是指拳手在進攻時直接出拳或者發腿可以擊到對手的距離。當雙方處於有效距離之內時，都有攻擊對方的機會，此時拳手不僅要想如何有效地攻擊對手，還隨時保持一定的防守動作，以防遭到對手的強勁攻擊。

　　無效距離是指在實戰中拳手發出的拳腳達不到目標即擊不到對手的距離。當然此時對手發出的攻擊招式同樣擊不到我方。無效距離情況在實戰中經常出現，它使得拳手發出的拳腳擊不到目標，浪費了體力，暴露了自己的攻擊計畫，然後常常不得已轉入被動性的防守。作為拳手，要儘量減少無效距離情況的出現。

　　在實戰中，一般有遠距離、中距離和近距離三種情況。但這幾種距離形式會因拳手的對陣角度和步伐的不斷移動而隨時出現無規律的變化，這就需要拳手在訓練中培養出來的距離感加以準確感知。

一、遠距離

　　遠距離大約是拳手向前上一步就能發招擊到對手的距離。在這個距離內與對手對峙，以拳法、腿法和步法的運用較多。當處於遠距離或者接近中距離的位置時，拳手可

以將拳法與腿法交替使用，並配合以緊密的防守反擊的動作制止對手的進攻。在一定條件下，拳手可以採取直擊拳或者踹腿阻止對手。

運用直擊拳或者腿法在遠距離發招攻擊，可以使拳手與對手保持遠距離的情況下尋找瞬間的戰機，盡可能運用步伐的移動爭取實戰中的主動權。技術突出的拳手在實戰中運用準確的和連續不斷的直擊拳和腿法攻擊對手，會極大地擾亂對手的戰略戰術的實施，使其暴露出較多的破綻或空檔，從而給自己創造出重創對手、一舉獲勝的機會。

運用遠距離的拳法和腿法攻擊時，拳手要善於靈活地移動、控制好身體重心的穩定，做到身體重心能夠迅速地由一腿移向另一腿，隨之使動作變勢，以增強發招攻擊的力度和速度。如果處於向前移動一步即可擊中對手時，拳手就要立即尋找可以發起攻擊的時機，果斷而堅決地實施攻擊。為了使攻擊動作更為有效，達到重擊對手的目的，可以先用一手或一腿做假動作，引出對手的反應動作，緊接著再發出真正的重擊拳腿。在進行遠距離移動攻防時，還要特別注意對自身要害部位的重點保護，以免因疏於保護而遭受重大打擊。

二、中距離

中距離是指拳手不用移步就可以直接發拳或腿腳擊中對手的距離。在這種距離內，隨著拳手的挺身動作就可以進行左右拳的攻擊，也可以用腿腳動作踢擊對手，還可以運用連續的攻擊法攻擊對手。在此距離內，拳手雖然可以用多種手段打擊對手，但不應忘記此時自己也處於對手的

有效攻擊範圍內，兩者之間是相互具有威脅性的。中距離的搏鬥，拳手的防守比較困難，較之遠距離的防守難度大了許多。因為遠距離進攻發招後，拳手可以收手回到對手無法擊到的位置，而中距離的防守就不是那麼回事了。拳手處在這種情況下，需要依靠自己的敏捷、靈活、果斷、主動的攻擊動作組合得更出色，同時要將攻防技術協同得更為緊密，真正做到密不透風，不給對手以任何可以攻擊的空隙，這樣才能有效防止在中距離攻擊時遭受對方的打擊。

中距離的防守除了要以各種防守技法來保護自己外，還需要以腳步的快速靈活的移動來擺脫對手的擊打。拳手可以做向左或者向右的移動，移動到位後及時進入拳樁姿勢下的預備攻擊狀態，伺機反擊對手。

中距離搏擊時，由於身體姿態由拳樁變勢而突然地進行攻擊，會發生一系列變化，此時拳手需要特別注意保持身體平衡，無論是原地的還是移動中的攻擊，兩腳都要快速敏捷地移動來保證身體姿勢始終穩固平衡。攻擊結束後，同樣要迅速地恢復防守狀態，腳下移動也要非常及時。因為在攻擊中，自己身體的一部分同樣暴露給了對手，對手完全可能利用這一瞬間的空當進行致命的反擊。所以，拳手在攻擊後轉入防守必須非常快速，儘量減少暴露空檔的時間。

三、近距離

近距離是指拳手與對手之間幾乎到了身體相互接觸的距離。這種距離，是泰拳的肘、膝技法發揮的最佳距離。在這種距離內，除了使用肘、膝攻擊對手的身體外，還可以以摔法擊倒對手，或者採用關節的擒鎖技術控制對手。

近距離搏鬥是泰拳比較常用的距離內搏擊方法。

在近距離搏擊中，拳手既可以發肘、膝招式攻擊對手，還可以從對手的身體側面發出貼身的短拳進行攻擊，或者屈臂縮短出拳的距離，直接地揮砸或搗撞對手的身體以及頭部。近距離搏擊運用勾擊拳法比較頻繁，另外就是肘、膝的招法了。當出現與對手糾纏的情況時，拳手必須穩定身體重心，以便有效地做出轉體攻擊動作。

在泰拳的近距離搏擊中，有著名的「箍頸撞膝」招法，十分兇狠，因此在防守方面，必須引起拳手的高度注意。在雙方近距離對峙時，拳手要緊縮身體，兩手首先關注防守，多做出格擋動作，盡可能保護自己不受到對手出其不意的打擊。在糾纏中，要以兩腳的靈活運足步法調整好與對手之間的距離。如果拳手在後退時受到對手的壓制而急欲擺脫時，兩腿要穩固身體平衡，同時稍降身體重心，這樣做的好處是在降低身體姿態的同時，使自己處在便於發出拳招攻擊對手身體，或者方便配合肘、膝擊撞對手的狀態下，讓自己占到上風。

由於泰拳搏擊的激烈性，拳手很有可能在實戰中遭受對手的擊撞而意外受傷，常常見到拳手出現頭部流血或者眉角破裂等情況。因此，當拳手之間出現摟抱在一起的情況時，如果是正式比賽，規則會禁止拳手互相摟抱，但如果是與敵手搏鬥時，就要求拳手憑藉身體的能力和意志力擺脫對手或者發出肘、膝的招數狠擊對手。

在各種距離的實戰中，有一個與距離問題關係十分密切的重要因素，就是拳手在搏鬥中的視覺反應問題。事實上，對於時機和距離的判斷能力，歸根到底取決於拳手的

視覺能力。

四、視　覺

視覺反應不僅在泰拳的搏擊中十分重要，在任何一項體育運動中都會直接關係到競賽的最終結果。泰拳搏擊是兩個對手面對面的進攻和防守過程，也是時間與空間的爭奪戰，拳手在判斷與對手距離的遠近、對手動作的虛實等等，都無不與視覺的反應和思維的反應直接相關聯。拳手們在實戰中發招有效擊中對手，靈活而敏捷地移動以防禦對手的攻勢，或者進行各種各樣有虛有實避輕就重的攻擊，都依賴於拳手們敏銳的視覺能力。

良好的視覺反應可使拳手認識對手的基本情況，建立良好的空間感覺，這些認識和感覺傳遞給大腦以做出正確的反應。拳手的視覺反應能力可以在日常訓練中透過多種手段逐步建立和強化，泰拳訓練中的一些靈敏類的訓練都可以在提高拳手身體的靈活性的同時，同步也鍛鍊了眼睛的敏銳反應。

五、角　度

角度是指拳手在實戰中把握時機、距離、視覺等反應基礎上突然改變進攻或防守空間。也就是說拳手改變了搏擊的位置和角度。

拳手與對手搏擊時，對手出拳進行攻擊，拳手迅速做下潛動作，以躲避對手的拳臂，或者對手採取某種攻擊招數，拳手以步法的移動繞過對手，運足到對手體側進行還擊。這些都是改變攻防角度的表現。角度的突然改變，常

常可以使拳手將不利因素變為有利因素。

第三節　泰拳的主動進攻技法

泰拳的主動進攻技法，是以泰拳的拳、腿、肘、膝的基本技法主動攻擊對手。拳手在經過嚴格訓練後，要求能夠掌握各種技法的進攻方法，在與對手的搏擊中正確運用所掌握的泰拳技藝。

主要的泰拳主動進攻技法大致有如下內容。

一、直擊拳攻擊

甲方與乙方對峙。甲方採用主動的攻擊法。甲方從拳椿突然變化身體姿勢，兩腳隨之移動，右手防護，左手握拳猛擊對手的頭部或面門。甲方攻擊時，在發拳的一刹那全身的肌肉要繃緊，握拳突然擊出。（圖 2-1、圖 2-2）

以直擊拳攻擊對手時，使出的拳要富有彈性，在攻擊中動作要突然，使對手無法預防。

圖 2-1

圖 2-2

二、右直擊拳逆擊

甲乙雙方在搏擊中，乙方發拳猛然擊向甲方頭部；甲方做稍許的頭部閃躲動作，左手護身，右手順乙方出拳的手臂交叉點發拳擊出，在乙方拳勁用完時，擊中乙方頭側，迫使乙方因被擊而後撤。（圖2-3）

拳法的逆擊法是泰拳引用西方拳擊法的特點而創造的打法，是在對手發動攻勢時，瞄準對手的發招空際直接出拳逆向擊打對手。這種打法需要拳手有較好的判斷力和防守技

圖 2-3

巧，才能進行巧妙攻擊。

三、右勾擊拳攻擊

甲方移步向前逼近乙方，兩腳站立穩固身勢，左手防護，右手握拳準備攻擊；乙方兩手緊護身體，退步閃開甲方的逼近動作。待乙方一停下身勢，甲方兩腳蹬地，腰腹蓄勁，右手拳向乙方胸腹處勾擊而出。（圖2-4、圖2-5）

圖2-4

圖2-5

　　如準備用右手勾拳攻擊對手，當與對手相距較遠時，拳手可以迅速移步接近對手，並從不同角度攻擊。攻擊中要努力控制身體的平衡以及腰馬的配合，增強勾擊拳法的勁力。

四、上勾擊拳

　　乙方逼近甲方發動攻擊；甲方做閃避時，乙方欲以兩手摟住甲方頭頸部；甲方兩腳挺住身體，腰腹蓄勁，左手防護，右手握拳，順著乙方胸部的防守空隙，向上猛力勾擊乙方頭頸部。（圖2-6）

　　向上的勾擊拳法是泰拳險中求勝的招數，一般情況下不可濫用。在多數情況下，是對手傾全力忙於進攻，自身暴露出一些破綻，此時拳手可以乘隙發出勾擊拳法上擊對手。也可以在對手體力不支時，左手防護，右手用重擊的招法擊打對手。

圖2-6

五、左手擺拳

甲方在移動中直接採用左手直擊拳法向乙方發起攻擊；乙方左手前探，右手迎擊甲方的拳頭；甲方兩腳站立穩定身體重心，右手防護，左手拳由向前的直擊快速變為擺擊法，繞過乙方右手擊打其面側。（圖 2-7、圖 2-8）

左手擺拳可以在對方稍顯遲疑的瞬間直接擊出。採取擺拳攻擊對手，要集全身的力量貫於發出的拳頭上。有時，為了有效地擊中對手，也可以以拳頭的內側擺擊對手頭部。

圖 2-7

圖 2-8

六、右擺拳拳背擺擊

甲方揚起左拳，使乙方條件反射地防護頭部；在乙方的動作變化中，甲方左手預防乙方發拳，右腳快速移出，落腳於乙方腳後側時，右手跟著以拳背猛橫擊乙方腰腹部，擊退對手。（圖2-9、圖2-10）

擺擊拳法不僅可以用拳頭直接攻擊對手，在發揮其搏擊的自由技巧時，也可以用拳背配合腰馬的勁力橫向鞭擊對手的身體，發揮擊拳的自由性。

圖 2-9

圖 2-10

七、掖　拳

　　乙方移步向前併發拳攻打甲方頭部；甲方在轉身的同時右手防護，左手拳隨身體的擰轉向乙方身體順勢掖擊而出，擊中乙方，身體迅速地穩定重心並恢復防守姿勢，同時注視乙方的變化。（圖2–11、圖2–12）

　　掖擊拳一般較少用於直接攻擊，它主要為其他拳法引招，或配合其他招法進行攻擊，以體現掖拳的突然襲擊的效果。

圖2-11

圖2-12

八、拍　拳

　　甲方移動身體向乙方靠近，發出左手拳向乙方面部拍擊；乙方用兩手格擋甲方的拳擊；甲方右手防護，左手拳順勢向前，以腰腹的勁力沖過乙方兩手，猛然拍擊乙方的面門。（圖 2-13、圖 2-14）

　　拍拳攻擊又是泰拳發揮搏擊的自由性而產生的一種變招的攻擊法，它不僅可以直接拍擊對手的面門，也可以用來防禦對手的拳招。

圖 2-13

圖 2-14

九、轉身擺拳

甲方與乙方對峙中,甲方晃動兩拳;乙方做出反應,
注視甲方的變化;甲方突然轉身佯作後撤,並緊盯乙方;
乙方迅速地跟進,發出左拳追擊甲方;甲方看準乙方的動
作,猛轉身向後發出右手擺擊拳擊打對手側面或頭部。
(圖 2-15、圖 2-16、圖 2-7)

圖 2-15

圖 2-16

圖 2-17

　　轉身進行擺拳攻擊也是泰拳搏擊招法的自由發揮。在與對手對峙時，拳手可突然轉身發出擺拳擊打對手，可以令對手來不及改變防護而遭到攻擊。

十、擺肘橫擊

　　甲方與乙方對峙時，甲方向前靠近乙方；乙方做出反應，兩手加強防護；甲方左手上揚，引出乙方的右手發動攻勢，甲方緊接著跨步踏入乙方中門，右臂屈肘，隨身體的前衝勁力向乙方胸部橫擊。（圖 2-18、圖 2-19）

　　準備發肘橫擊對手，可以先做佯攻動作，引誘對手做出相應的變化，然後迅速地發肘攻擊。

圖 2-18

圖 2-19

十一、砸　肘

　　乙方移步向甲方逼近，兩手防護身體；甲方突然發出右手拳攻擊乙方頭部；乙方迅速下潛身體，兩腳穩固身

體；甲方緊接著收回右拳，左臂屈肘，隨身體的稍微的落勢向乙方頸部或背部砸刺。（圖 2-20、圖 2-21）

　　與對手的搏鬥中要隨機應變地發招，不能只固定地使用一種招法進行攻擊。分別採取不同的招法攻擊對手，會收到不同的攻擊效果。

圖 2-20

圖 2-21

十二、轉身擺肘

甲方左手防護，右手揚起試探乙方的反應；乙方見到甲方揮動拳臂，發出左手拳攻擊甲方頭部；甲方兩手護緊頭部，兩腳踏地，擰轉腰身，迅速地轉身，以右手臂的屈肘擊撞乙方腰肋部（圖2-22、圖2-23）

轉身的肘擊法一般用於突襲對手，攻擊效果非常好。但是在運用這類打法時要防護好身體，以免在轉身的瞬間遭受對手的發招攻擊，轉身發招攻擊的動作一定要突然及時，讓對手來不及做出防守和反擊動作。

圖 2-22

圖 2-23

十三、右橫掃腿

　　甲方和乙方對峙，甲方直接發出右腿橫掃踢乙方下盤；乙方兩手下落欲格壓甲方的腿腳；甲方以腰髖的擰轉勁力，兩手防護，右腿緊接著向乙方再次發出掃踢擊掃乙方腿部。（圖 2-24、圖 2-25）

　　橫掃腿擊法是泰拳中常用的攻擊法，也是運用較多的技法之一。一般橫掃腿法都可以直接從拳樁發招攻擊。

圖 2-24

圖 2-25

十四、側蹬踹

甲方晃動兩拳向乙方靠近；乙方見甲方移步接近，左手防護，右手發拳攻打甲方面門；甲方迅速以晃動的左手格擋乙方擊出之拳，緊接著移動步伐，以左腿支撐身體重心的穩定，右腿猛向乙方前腿膝關節側蹬踹擊。（圖 2－26、圖 2－27）

晃動手臂可誘使對手在加強頭部的防護時忽視對下盤的防護，使身體露出破綻，拳手便可乘機踹跺對手的腿膝部。

圖 2-26

圖 2-27

十五、中部橫掃腿

甲方向乙方發出猛烈的攻勢，迫使乙方嚴密防護，速出右手拳阻止甲方的逼近；甲方閃過乙方攻出的拳臂，向一側閃身的同時，兩腳移動，隨身體的挺起左腿支撐身體重心，右腿猛然上提掃踢乙方腰腹部。（圖 2-28、圖 2-29）

發出中部的掃踢腿法時，為了預防對手的發拳還擊，可以在發腿時頭部和上身稍向一側彎曲，並注視對手。

圖 2-28

圖 2-29

十六、轉身擺腿

　　甲方與乙方對峙中，甲方突然揮起右拳向乙方面門攻擊；乙方迅速地向後稍閃時，縮身穩定身體的平衡；甲方緊接著擰轉腰髖，右腳踏地的同時，左腿向乙方頭頸部擺踢而出，擊中乙方後，恢復防守姿勢。（圖 2–30、圖 2–31、圖 2–32）

圖 2–30

圖 2–31

圖 2-32

　　如果打算以轉身的動作突襲對手，一般先採取誘擊的方法進攻對手，使對手的身體露出防守破綻，然後伺機踢擊。

十七、左右橫掃腿

　　甲方直接以左腿掃踢乙方左腿膝部；乙方被踢擊身體晃動；甲方緊接著左腿落下支撐身體的平衡，右腿隨後踏起，向乙方頭部高掃踢出，擊退乙方。（圖 2-33、圖 2-34）

　　左右橫掃腿發動攻勢要果斷直接，或以連擊的方式攻踢對手。

圖 2-33

圖 2-34

十八、低側蹬腿

　　甲方向乙方移動，並提膝準備發動攻擊；乙方看到甲方的變化，起右腿踢擊甲方；甲方上提膝腿的動作不停，迅速地變勢，在乙方發腿後向其支撐腿猛力側蹬踹，擊倒

乙方。（圖 2-35、圖 2-36）

　　對手發腿招踢擊時，會暴露身體一部分，防守也不太嚴密，此時拳手可採取突然的動作，發腿踢擊對手支撐的腿膝，擊倒對手。

圖 2-35

圖 2-36

十九、沖膝攻擊

甲方向乙方逼近發出左手拳；乙方看到甲方的拳勢，同時出右手拳迎擊甲方；甲方以發出的左手格擋乙方的右手，上前一步靠近乙方，快速以右腿支撐，左腿上提，以膝鋒向乙方撞擊。（圖2-37、圖2-38）

以拳法引誘對手出招，然後進行膝法的攻擊。在發膝攻時，接近對手的身體，要注意防守對手的變招或還擊。

圖2-37

圖2-38

二十、側沖膝

甲方晃動拳臂向乙方移動；乙方兩手防護，突然以左腿支撐身體，右腿猛力發出掃踢向甲方上身擊出；甲方迅速以兩手壓迫乙方的攻擊腿，兩腳穩定身體，左腿支撐重心，右膝上提，向乙方側頂撞其腰肋部。（圖 2-39、圖 2-40）

對方發動高位的掃踢腿法時，可以迅速地近身向對手逼近並發出膝法直接攻撞，使對手無法收腿防守。

圖 2-39

圖 2-40

二十一、拉背頂膝

甲方與乙方對峙，甲方左手防護，右手出拳攻擊乙方頭部；乙方兩手防護，避開甲方拳臂；甲方攻勢不停，右手順勢扣摟住乙方後頸部，左腳擰碾地面，右膝上提，猛力向乙方腹部頂撞，同時左手防護對手的變招。（圖 2-41、圖 2-42）

近身與對手的搏鬥中，泰拳多以膝法攻擊對手或拆解對手的攻勢。

圖 2-41

圖 2-42

二十二、接腿摔

甲方向乙方靠近時，乙方突然發腿彈踢甲方；甲方迅速換步，調整身體的姿勢，兩手托住乙方彈踢出的腿腳，然後以腿腳的猛然發力動作勾擊乙方，使乙方被擊摔於地。（圖 2-43、圖 2-44、圖 2-45）

誘使對手發出腿招時，準備控制住對手的腿腳，兩手接對手的腿時動作要快，勾擊對手的腿腳發力要脆、猛，配合身體的整體勁力擊倒對手。

圖 2-43

圖 2-44

圖 2-45

第四節　泰拳的連擊技法

　　連擊技法是泰拳中較高級的打法，幾乎每一個泰拳拳手都必須精通幾種技法的連擊技巧。泰拳的連擊技法是拳手在實戰中採取一種或兩種以上招數的攻擊法連續地攻擊對手。連擊技法是將平日訓練的單招技法組合運用，是單招技法運用的昇華。它經常由兩招或三招以上的拳、腿、肘、膝、摔的技術組合成，並根據與對手搏擊的變化而發招攻擊。

　　泰拳的連擊技法多以拳腿、肘膝、摔拿運用於搏擊中，特別是腿法和膝法的連擊運用。拳腿連擊技法是拳手的上配下或短配長的打法，肘膝的連擊是與對手近身搏鬥中使用的招法，並根據實戰中的變化，接著使用摔法擊倒對手。腿法連擊技術，是泰拳搏擊的精華，與中國武術比

較相似，泰拳的腿技法連擊發招可以多角度地攻擊對手，或者直線腿踢，或者弧線腿踢，並可以採用左右腿腳的配合，進行低配高、左配右、虛配實等戰術性的攻擊。

連擊技巧需要拳手長時間的訓練，發展身體各項素質，以提高連擊發招所必需的耐力、靈敏、柔韌性、速度等基本要求，發揮泰拳的攻擊能力。

一、左刺拳——左直擊拳

甲方與乙方對峙，甲方兩手握拳，移步向乙方靠近，先以左刺拳攻擊乙方面門，試探乙方反應；乙方左手防護，右手壓擋甲方的攻擊拳臂；甲方緊接著以兩腳向乙方運足，右手防護，左手並不收回，而是稍許屈肘，再次衝過乙方兩手直擊而出。（圖2-46、圖2-47）

一般來說，泰拳的刺拳都作為一種佯攻或假動作使用。如果第一次發拳是作為引誘對手動作變化的招式，那麼第二次攻擊就要全力重擊，產生應有的效果。

圖 2-46

圖 2-47

二、單手直擊拳──擺拳

甲方直接向乙方踏進，左手防護，右手以直擊拳向乙方面門擊出；乙方以右手發出向前的格擋動作；甲方進一步逼近乙方，仍以左手防護身體，右手並不完全收回，而是緊接著向乙方擺擊而出，擊中乙方面側。（圖 2-48、圖 2-49）

圖 2-48

圖 2-49

發出第一拳不要用太大的力量，而做第二次攻擊的擺擊拳則要傾盡全力，兩腳蓄勁，協助拳擊對手。

三、直擊拳——擺擊拳——勾擊拳

甲方與乙方格鬥中，甲方以左手防護，右手發直擊拳攻打乙方頭部；乙方以左手格擋；甲方接著調整步伐向乙方推進，同時收回右手拳，左手隨身體的動作向前發出擺擊拳擊向乙方頭側；乙方被擊而身體晃動，甲方攻勢不停，向乙方跨步逼近其中門，左手收回，右手隨即發出向上的勾擊拳擊打乙方頭頸部（圖 2-50、圖 2-51、圖 2-52）

做這種多種拳法的連擊，要求拳手在發招時，要隨著身體姿態的變化和步伐的移動做出快速連擊，銜接一定要自然緊湊，才會使得對手無法在一招接一招的猛烈攻勢下進行有效的防守。

圖 2–50

圖 2–51

圖 2–52

四、直擊拳——逼肘

　　乙方向甲方移步，發出右手拳攻擊；甲方迅速向一側移步，左手防護乙方的右手拳，右手稍微扣住乙方的左手，緊接著屈右臂，以右臂的勁力帶動發出右手拳直擊乙方面門；乙方突遭甲方拳擊向後仰身；甲方緊接著以左手防護乙方右手拳，右手攻勢不停，向乙方發出逼肘攻擊，以肘鋒的勁力擊撞乙方心窩或胸部。（圖 2-53、圖 2-54）

　　拳與肘的連擊法，要把握好與對手的距離，以便做準確的攻擊，同時還要密切注視對手的招法變化。在採用此類打法時，多採用逼近對手的中門發動進攻的做法。

圖 2-53

圖 2-54

五、轉身肘擊——後肘

乙方發起攻擊，以右手拳擊打甲方的頭部；甲方迅速調整步伐，閃至乙方一側，右手格擋乙方右拳臂，不等乙方收式，向乙方一側快速轉身，發出左肘撞擊乙方胸部或心窩處；乙方被突然肘擊而向一側俯身時，甲方緊接著擰轉身體發出右肘，向後撞擊乙方的後背或頭頸部。（圖 2-55、圖 2-56、圖 2-57）

圖 2-55　　　　　　　　　圖 2-56

圖 2-57

轉身發出肘擊法必須準確發招，動作迅速，不給對手脫逃或者變招反擊的機會。

六、右擺擊拳——砸肘

甲方向乙方推進，併發右手拳攻擊乙方頭部；乙方迅速上抬左臂架擋甲方右拳；甲方迅速調整身體姿勢，轉身踏步發出左肘下砸乙方胸部或頭頸部。（圖 2–58、圖 2–59）

使用拳擊時不必用太大力量，但接著使用肘擊時，則要配合身體的擰轉勁力發出有力的一擊。

圖 2–58

圖 2–59

七、勾擊拳——擺肘

甲方揚起左拳向乙方晃動；乙方兩手上抬嚴密防護頭部；甲方稍落左拳並快速向乙方發出勾擊；乙方遭到突然攻擊，慌忙做出防護；甲方乘勢上前逼近乙方，隨身體擰轉左手變擺肘攻撞乙方的頭部或耳根部。（圖2-60、圖2-61）

近身向對手攻擊，動作一定要快速，並在貼近對手時，時刻注意防護對手的突然反擊。

圖2-60

圖2-61

八、左右擺肘

甲乙雙方在近距離格鬥中，甲方閃至乙方身體一側發出左手擺肘撞擊；乙方被甲方的擺肘撞擊耳側時身體晃動不穩，甲方逼近乙方，左肘下落進行防護，右手隨著身體的轉動向乙方發出擺肘，攻擊乙方面門或口鼻處。（圖 2–62、圖 2–63）

近距離與對手搏鬥，以左右手的連續擺撞攻擊對手，動作必須準確有力，重創對手，使之無力發起反擊。

圖 2-62

圖 2-63

九、擺肘——反肘

乙方發出左拳攻擊甲方頭部；甲方踏出一步向乙方靠近，左手發肘衝過乙方右臂擺出，擊撞乙方頭側；乙方欲以右手屈肘格擋；甲方不給乙方變招的機會，緊接著左手屈肘下落，閃身移到乙方身後，未等乙方做出反應，發出右肘反擊撞擊乙方頭頸或後背部。（圖2-64、圖2-65）

移動中發出肘法的連擊，不僅需要動作快速準確，還要善於運用兩腳的快速移動中的變勢，以利於身體的變勢出招。

圖2-64

圖2-65

十、砸肘——逼肘

乙方在防守的同時發出右腿蹬踹甲方；甲方閃步，揮出左肘下砸乙方攻出的腿腳，兩腳隨之變換姿勢；乙方收回右腿，躍起向甲方猛烈發動攻勢；甲方迅速調整身體姿勢，擰轉身體左手防護，右手發出逼肘橫擊撞向乙方胸部或腹部，擊退乙方。（圖 2-66、圖 2-67）

對手躍起騰身發動攻勢，拳手要注意觀察對手的起身動作變化，緊接著採取相應的還擊招數，連擊對手，以破解對手的攻勢。

圖 2-66

圖 2-67

十一、臂肘——回手肘

乙方發出右腿掃踢甲方身體；甲方向乙方一側閃避以減弱其攻擊腿的勁力，同時迅速以兩腳的步伐移動穩固身體，向乙方進行逼肘攻擊；乙方繞過甲方的攻擊，兩手隨身體的前衝摟抱甲方上身，欲控制甲方；甲方兩腳踏地蓄勁，以腰馬的擰轉右肘向後撞擊乙方腰肋或胃脘部。（圖2-68、圖2-69）

在糾纏中破解對手的攻擊招數不是太輕鬆的，拳手處在這樣的搏鬥狀態中，只有看準時機，狠下殺手，才能破解對手的糾纏摟抱。

圖 2-68

圖 2-69

十二、後肘──回手肘

乙方一邊發動攻勢一邊向甲方一側移動，摟抱住甲方，並準備發動膝招攻擊；甲方看準乙方的變化，兩腳快速調整，左手隨著身體的穩固，垂臂貫勁屈肘向後擊撞乙方腹部或腰肋部；乙方被擊後欲發動膝擊；甲方緊接著轉身，以右肘回手擊撞乙方腹部，擊退乙方。（圖 2-70、圖 2-71）

被對手從後側摟抱而採取左右肘反擊對手，需要借助腰馬的擰轉勁力猛力擊撞對手因摟抱而出現的身體空檔，以肘鋒重力撞刺對手，以解脫對手的糾纏。

圖 2-70

圖 2-71

十三、橫掃腿——高蹬腿

在對峙中，甲方先移動以右腿橫掃乙方下盤；乙方見甲方掃腿擊出，下落右臂攔截格壓甲方攻擊的腿腳；甲方迅速以左腿穩固身體的平衡，右腿動作不停，繞過乙方右臂向上蹬踢而出，擊中乙方頭部。（圖 2-72、圖 2-73）

側蹬腿法一般用於突然攻擊，以收到踢擊的勁力效果，可以直接攻踢對手，擊破對手的嚴密防守。

圖 2-72

圖 2-73

十四、右側蹬腿──左彈腿

乙方揮拳向甲方移近；甲方迅速發右腿向乙方側蹬踹以阻止其前進；乙方被腿擊而稍作後退時，甲方緊接著逼近乙方，右腳落地，左腿跟著向乙方腹部彈踢而出，迫使乙方被擊而後退。（圖 2-74、圖 2-75）

移動步伐向對手接近時，動作要快速突然，不給對手變招防守的時間。

圖 2-74

圖 2-75

十五、右彈腿——騰身掃腿

甲方向乙方直線推進，兩手防護，右腳隨即向前踏出彈踢乙方襠部或腹部；乙方迅速下落兩手防護；甲方收回右腿落地，緊接著踏跳轉身，以腰髖的勁力轉身向乙方的頭頸部掃踢而出。（圖2–76、圖2–77）

彈踢對手動作要突然，要在對手全力向下防守時，快速地做騰身的發腿掃踢對手，使對手猝不及防。

圖 2–76

圖 2–77

十六、攔腿——轉身蹬腿

乙方向甲方逼近；甲方迅速做出反應，看準乙方的移動位置，兩手防護，右腿向乙方前膝攔踢而出，以截擊乙方的前逼動作；乙方收回腿腳，欲提膝發出腿招；甲方不等乙方變換招數，緊接著收回右腿，轉身向乙方後蹬踹出，踢中乙方襠部或腹部。（圖 2–78、圖 2–79）

上步向對手發動腿技法連擊，要依據對手的動作變化而做出準確的還擊。

圖 2–78

圖 2–79

十七、高掃腿——低側蹬腿

甲方保持防守狀態；乙方發動右腿攻擊；甲方兩腿調整步伐，突然在左腿的支撐下，發右腿向上高橫掃踢乙方頭頸部；乙方迅速以兩手格擋甲方的攻勢；甲方快速向下落勢，稍屈膝，緊接著向乙方支撐腿側蹬踹。（圖2–80、圖2–81）

同一側腿變招攻擊對手時，要在對手動作沒有太大變化之前，迅速地做出上下的連擊，使得對手的防護被完全打亂。

圖2–80

圖2–81

十八、沖膝——躍步飛膝

甲方向乙方移動，兩手隨身體的前進托出並衝向乙方，以右腿支撐，左腿上提，發膝撞擊乙方腰腹部；乙方被甲方的攻擊擊中，試圖俯身以減弱甲方膝攻的勁力，甲方迅速以左腳落地的踏跳勁力，猛地躍起，以兩腿的膝攻撞擊乙方的胸腹部。（圖 2–82、圖 2–83）

躍身發動膝攻的招數，要求在動作快速進行時，兩手盡力扣摟對手的頭頸部，使撞膝更加猛烈。

圖 2–82

圖 2–83

十九、箍頸沖膝

乙方向甲方衝來並企圖摟抱甲方，從而形成了雙方近距離的格鬥；甲方兩手快速向前托出緊箍住乙方頭頸部，右腿支撐身體，腰腹部配合左膝發力，向乙方猛然連續撞出。（圖 2-84、圖 2-85）

發動同一側腿膝的沖膝撞擊對手的攻勢時，可以進行或上或下的直接猛烈撞擊。在實戰中如果將此類招式把握準確了，可以破解對手的近身糾纏。

圖 2-84

圖 2-85

圖 2-86   圖 2-87

二十、左右彎膝

乙方以左手拳擊打甲方頭部；甲方迅速地向乙方的一側閃身，緊接著進步，左手防護，右腿支撐體重，同時猛發左膝並彎膝擊撞乙方頭部或面門，在乙方因被撞而身體晃動時，甲方攻勢不停，接著發出右腿彎膝撞刺乙方頭部。（圖 2-86、圖 2-87）

如果採用彎膝招法攻擊對手，在第一次撞膝時就要準確地擊中對手，使對手面對突然的攻擊而無法迅速調整身體姿勢，緊接著發出另一腿的膝招攻擊。

二十一、直擊拳——勾踢腿——擺踢腿

甲方移動中向乙方面門部發出一拳；乙方迅速上抬兩手防護頭部；甲方快速跨進，發出右腿腳側勾踢乙方膝關

節；乙方提膝躲閃，甲方攻勢不停，左腿穩固身體平衡，右腿稍屈膝，緊接著繞過乙方向上猛然擺踢而出，以腳跟部擺踢乙方頜側或面門。（圖2-88、圖2-89、圖2-90）

　　在攻擊中迫使對手加強頭部的防護，相應地放鬆了對身體下盤的防守時，可迅速向其下盤發動攻擊，如果擊打落空或對手提膝躲過，可以接著向對手頭部發起攻擊，使其措手不及。

圖2-88

圖2-89　　　圖2-90

二十二、卡喉──摟頸──撞膝

乙方向甲方撲過來，企圖摟抱甲方；甲方調整步伐，右手防護，左手迅速向前成掌，托住乙方面門或咽喉部，不使乙方靠近；乙方奮力向前衝，甲方緊接著踏入乙方中門，兩手突然摟抱住頭頸部用力下拉，左腿發膝，猛然擊撞乙方腰腹部。（圖2-91、圖2-92、圖2-93）

對於進行此類攻擊的對手，一旦與其接觸，可以發出猛烈的膝法撞退對手的糾纏或摟抱。

圖 2-91

圖 2-92

圖 2-93

二十三、箍頸—膝撞—擰摔

在雙方糾纏中，甲方快速動作，兩手托抓乙方頸部，緊接著發動膝招撞擊乙方胃脘或腰肋部；乙方盡力掙脫；甲方兩手緊扣抓住對手，兩腿蓄勁，猛然托住乙方向一側將其摔倒在地。（圖2-94、圖2-95、圖2-96）

在近身搏鬥中使用膝法不能奏效時，可以實施摔法擊倒對手，以擺脫對手的糾纏。

圖 2-94

圖 2-95

圖 2-96

二十四、正頂膝——側撞膝

雙方糾纏在一起時，甲方以右膝撞擊乙方前伸的大腿部；乙方兩手托肘欲還擊甲方；甲方快速地以右手防擋乙方屈出的手肘，左手按壓乙方頭頸，緊接著，右腿支撐身體，左腿猛然從一側橫撞而出，擊中乙方的腰肋或腹部。（圖 2-97、圖 2-98）

在糾纏混戰中，發膝攻撞對手是較好的還擊法和解圍法，但是在近身搏鬥中，必須把握好出招的時機和間隙，快速進行攻擊。

圖 2-97

圖 2-98

二十五、側頂膝——逼肘

乙方向甲方跨步逼近，發出右手拳攻擊；甲方看準乙方的攻擊動作，迅速下潛閃過乙方的拳臂，緊接著不等乙方收手，挺身衝向乙方，左腿支撐，右腿屈膝猛力橫擊乙方腰腹部；乙方因被擊而收縮腰腹時，甲方右腿落下，左手防護，右手屈肘直擊乙方面門部。（圖 2-99、圖 2-100、圖 2-101）

圖 2-99

圖 2-100   圖 2-101

如果對手取攻勢前進時，可以閃過對手的攻勢後乘勢攻擊，使對手在收招變勢時遭受打擊。

二十六、擺肘——蹬踢腿——掃踢腿

甲方向前推進以試探乙方的反應；乙方看到甲方逼近，上前以右拳擊打甲方頭部，欲阻止甲方移動；甲方縮身閃過一側躲過乙方拳擊，不等乙方收手，乘勢向乙方衝進，以右手擺肘橫擊其腰腹部；乙方被擊後退，接著提膝攻撞甲方；甲方調整兩腿姿勢，閃避乙方膝攻，左腿支撐，右腿屈膝，猛力發腿前蹬踹乙方胸腹部，阻截乙方發招；乙方被腿擊而落勢；甲方攻勢不停，在乙方落勢時，右腿緊接著變為掃腿橫掃乙方頭部。（圖 2-102、圖 2-103、圖 2-104、圖 2-105）

閃躲過對手攻勢，不等對方變招就進行數招的連擊，擊倒或擊退對手，不給其喘息機會。

圖 2-102

圖 2-103

圖 2-104　　　　　　　　圖 2-105

二十七、直擊拳——攔踢腿——側蹬腿

　　甲方發動攻勢，以右拳攻打乙方面門；乙方後退躲閃
甲方的拳擊；甲方繼續向乙方推進，在乙方兩手向上防守

時，右腿支撐，左腳向乙方下盤的腿膝部攔踢而出；乙方
提腳閃過，並欲發腿還擊；甲方搶先以左腿的變招踩擊乙
方前腿腳；乙方後退撤步時，甲方迅速以右腳的穩固支撐
為後盾，左腿向上猛力側蹬踹乙方胸部。（圖 2-106、圖
2-107、圖 2-108、圖 2-109）

　　進攻中遇到對手變勢躲閃時，須近身進擊對手，使用
上述連擊招法，一氣呵成，方能有效擊退對手。

圖 2-106

圖 2-107

圖 2-108

圖 2-109

二十八、側蹬腿——砸肘——沖膝

乙方移步上前，發出左拳攻打甲方頭部；甲方看準乙方的動作，兩腳快速換步，右腿支撐身體，左腿屈膝，猛力向乙方側蹬踹而出，以阻截乙方的攻勢；乙方被腿擊而

欲收手防護；甲方在左腿落勢時，順勢向乙方中門踏入，左肘下砸乙方胸腹；乙方被擊後仰身，甲方在兩手成防守姿勢的同時，發出左膝衝撞乙方腹部。（圖 2-110、圖 2-111、圖 2-112）

圖 2-110

圖 2-111

圖 2-112

採用蹬腿攻截對手後收腳時，正好有利於發肘撞刺對手身體。

二十九、彈踢腿——橫掃踢腿

甲方向乙方逼近；乙方上前一步，發出右拳攻打甲方；甲方看準乙方動作，右手防護，左手屈肘格壓乙方出拳手臂，緊接著向乙方沖過去，發出右腿彈踢乙方襠腹部；乙方迅速後撤步進行躲閃；甲方移步向前，右腿支撐身體，左腿屈膝猛力掃踢乙方腰肋部。（圖 2-113、圖 2-114、圖 2-115）

格擋對手拳臂後，方可直接發腿攻踢對方身體，如果發腿未能擊中對方而欲再次腿擊時，要逼近對手準確發腿掃踢對手，掃踢要有突然性，使對手來不及調整防守姿態。

圖 2-113

圖 2-114

圖 2-115

三十、前蹬腿──側蹬腿──後撩腿

　　乙方跨步向甲方逼近並發出右拳攻擊；甲方看準乙方的動作，下縮身體閃過乙方的攻勢，待乙方收手調整身體姿勢時，甲方快速向乙方挺身而出，發出右腿前蹬踹乙方胸部；乙方被踢後退時，甲方緊接著輾轉左腿，右腿稍

屈，猛然變化為側蹬腿攻踢乙方胸腹部；乙方仰身後撤；甲方迅速收腳落地，擰轉身體發出左腿後撩乙方襠腹部。（圖2-116、圖2-117、圖2-118、圖2-119）

運用此類連擊法對付歹徒時，可以儘量發力兇猛，一舉擊倒敵手。這種連擊，要求快速猛烈地使身體連續發招。

圖2-116

圖2-117

圖 2-118

圖 2-119

三十一、左右騰身掃踢腿

雙方格鬥中，乙方向後退步稍作喘息；甲方抓住時機，向乙方騰身發出右掃腿掃踢其胸部；乙方反應迅速，

以兩拳臂格擋甲方右腿；甲方右腿落地彈踏地面，緊接著
發出左腿掃踢乙方胸腹部。（圖 2-120、圖 2-121）

　　左右腿騰身掃踢多用於對手後退或體力不支之際，採
用騰身的兇猛攻勢常能一舉擊倒對手。

圖 2-120

圖 2-121

三十二、躍起前蹬——踏面腿

乙方向甲方推進並準備發動攻勢；甲方搶先一步向乙方踏跳起身，左腿向乙方胸腹部蹬踢而出，接著不給對方任何機會，在左腳落地同時，緊跟著踏跳發出右腿攻踢乙方面門部並擊倒乙方。（圖 2–122、圖 2–123）

騰身發動的腿擊法一定要看準時機，並準確地判斷與對手的距離，一旦進攻必須動作兇猛，使得對手無從防護。一般情況下做這種兇猛的攻勢，都可以衝破對手的防線。

圖 2–122

圖 2–123

三十三、左掃腿——右蹬腿

雙方對峙中，乙方起腿攻擊甲方身體下盤時，甲方迅速地向乙方右側閃身，以避開乙方發腿的勁力，在左手防護的同時，發出左腿繞過乙方的腿腳橫掃其腰肋部；乙方被踢後退，又打算發右腿掃踢甲方；甲方在左腳稍落時即刻發出右腿前蹬乙方胸腹部，以阻擊乙方。（圖 2-124、圖 2-125）

乘對手攻擊的間隙攻擊其身體時一定要把握好時機，並且準確地觀察對手的動作變化，選擇正確方式予以回擊。

圖 2-124

圖 2-125

三十四、沖膝──蹬踢腿──掃踢腿

甲方向乙方發起攻擊，以快速的移步接近乙方，發左膝猛衝；乙方面對突如其來的膝攻被動地後縮身體以減輕甲方膝擊的勁力；甲方攻勢不停，左腿順勢向前蹬踹乙方腹部，緊接著左腳落地，右腿隨身體的擰轉橫掃踢擊乙方的頭頸部。（圖 2-126、圖 2-127、圖 2-128）

圖 2-126

圖 2-127

圖 2-128

膝腿的連擊法動作要快速、連貫地擊出，才能使對手面對猛烈的攻擊無法挺身還擊或有效防守。

三十五、側蹬腿——勾踢腿——橫掃踢腿

雙方對峙中，甲方迅速移步向乙方發動攻勢，以左腿側蹬踢擊乙方腰肋部；乙方被突然腿擊，快速向下屈肘準備摟抱甲方踢出的左腿，甲方順勢向上繞過乙方兩臂並滑出成勾踢腿擊向乙方頭側；乙方被勾踢而身體搖晃，甲方緊接著左腳落地，右腿隨著身體的擰轉揮出，橫掃乙方頭頸部。（圖 2-129、圖 2-130、圖 2-131）

本招數是左右腿連續交替攻擊對手。在近身發腿時，動作一定要連貫快速，不能給對手任何喘息的機會形成反擊。

圖 2-129　　　　　　圖 2-130

圖 2-131

三十六、低彈踢腿——彈踢腿——掃踢腿

　　甲方晃動兩拳向乙方逼近，突然發出左腿彈踢乙方膝關節部；乙方隨即準備發拳還擊甲方；甲方攻勢不停，緊接著左腿向上連踢乙方腹肋部；乙方被踢而身體搖晃；甲

方隨著左腳的落地，擰轉身體，接連發出右腿橫掃乙方頭部。（圖 2–132、圖 2–133、圖 2–134）

圖 2-132

圖 2-133

圖 2-134

彈踢對手一般不用太大的勁力，而是僅以彈踢腿法擾亂對手的防護後，用其他腿招重擊對手。

三十七、側蹬踢腿——橫掃踢腿

乙方用兩手進行防護；甲方突然向乙方衝過去，發出右腿向上側蹬踢乙方頭部；乙方因遭受突然的腿擊而顯得慌亂，甲方緊接著快速落下右腳，擰翻腰身，接著左腿橫向上擊掃乙方頭頸部。（圖2-135、圖2-136）

左右腿向上高位踢擊對手，可以用作突破性的攻擊手段，動作直接，目的在於突破對手的兩手防護。

圖2-135

圖2-136

三十八、蹬踢腿——勾踢腿——橫掃踢腿

乙方向甲方移步，揮動一拳進行攻擊；甲方並不做嚴密防守，而是直接地發出右側蹬腿踢擊乙方頭部，迫使乙方因被踢而後退；甲方攻勢不停，稍屈左膝變為勾踢腿擊踢乙方頭側；乙方被連續的腿擊而導致身體晃動，甲方緊接著左腳落地，擰腰轉髖，發出右腿橫掃乙方頭部另一側，最終擊倒乙方。（圖2-137、圖2-138、圖2-139、圖2-140）

運用高位的腿法連擊，一定要把握好身體的平衡，發腿時要儘量展髖，以提高腿擊的力度。

圖2-137

圖2-138

圖 2-139

圖 2-140

三十九、側蹬腿──轉身橫掃腿

乙方向甲方移步靠近；甲方注視乙方的移動，快速發出左腿側蹬踢乙方頭部或面門，以阻撓乙方的逼近；乙方準備發拳還擊；甲方收回左腿落地，隨兩腳的碾地和擰轉身體的動作，發出右腿反橫掃踢乙方的頭頸部。（圖 2-141、圖 2-142）

阻止對方的攻勢後發動轉身的掃踢腿法，要準確判斷與對方之間的距離，使轉身發招不致落空，頭頸要隨著腰髖的擰轉動作，周身協調配合，以利於發腿的順暢。

圖 2-141

圖 2-142

四十、頂膝——勾踢腿——轉身旋踢腿

乙方發出左腿彈踢甲方下盤；甲方看準乙方的腿腳動作，迅速上提左腿，以膝部平頂乙方的攻擊腿；乙方準備收腳；甲方隨著左腿的屈曲變化成勾踢腿，勾踢乙方腹肋部，在以此招擊退乙方的同時，要站穩身體，緊接著轉身發右腿旋掃踢乙方的頭頸部。（圖 2-143、圖 2-144、圖 2-145）

提膝逼迫對方收勢後，方可進行腿法的突然襲擊，或以連擊的招數擊退對手。在對手防護不夠嚴密的情況下，可以轉身猛然發掃踢腿法擊倒對手。

圖 2-143

圖 2-144　　　　　　　　圖 2-145

四十一、側蹬腿——橫掃腿

　　甲方以拳樁姿勢等待乙方的動作；乙方跨進一步，提膝發腿彈踢甲方的腿膝部；甲方上提右腿以閃過乙方的腿

招，同時擰轉身體，放髖發出右腿側蹬乙方腰腹部；乙方被擊踢後退；甲方右腳一落地，踏跳地面，騰身發出左腳橫掃乙方頭頸側。（圖2-146、圖2-147、圖2-148）

　　直接由提膝變招攻擊對手，要儘量控制身體的平衡，以助發腿踢擊勁力的順達。同時，為加強高位腿擊法的力度，要放髖發腿，動作迅速有力。

圖 2-146

圖 2-147

圖 2-148

圖 2-149

圖 2-150

四十二、低掃踢腿——旋踢腿

乙方跨步向前移動，發出右拳擊打甲方頭部；甲方迅速地向一側閃身躲過乙方的拳頭，身勢下潛；乙方調整步伐準備再攻；甲方迅速以左腿支撐身體，右腿向乙方低掃而出；乙方收手剛剛站立，甲方緊接著翻身挺起，發出左腿旋踢乙方面門或頭部。（圖 2-149、圖 2-150）

此類打法是一種下配合上的腿擊招數。它在向下掃踢時，能破壞對手的身體平衡，在對手進行調整時，伺機進行另一腿招的攻擊。

四十三、低掃踢腿——蹬踢腿——橫掃踢腿

甲方在移動中；乙方向甲方逼近並發出左拳攻擊；甲

方迅速發出左腿低掃乙方前腿腳踝；乙方在閃避的同時發右腿彈踢甲方的膝關節；甲方提膝閃過乙方的腿招，隨左腿的屈膝向前猛蹬乙方腹部；乙方被踢擊而後縮身體；甲方攻勢不停，左腿剛落下，右腿隨身體的擰轉橫掃踢乙方的頭頸側。（圖 2-151、圖 2-152、圖 2-153、圖 2-154）

圖 2-151

圖 2-152

圖 2-153

圖 2-154

四十四、斜沖膝——勾踢腿——橫掃踢腿

甲方向乙方移步近身，以左膝斜沖乙方腰肋部；乙方被膝撞而身體晃動；甲方右腿迅速變勢向乙方胸腹部勾踢而出，緊接著右腿落地，左腿隨腰髖的擰轉揮起橫掃乙方頭頸側。（圖 2-155、圖 2-156、圖 2-157）

以膝腿的配合擊退對手後，乘勢發動連擊腿法重擊對手。身體與動作在變換中要快速連貫，不給對手任何反擊的機會。

圖 2-155

圖 2-156

圖 2-157

四十五、轉身低掃踢腿——勾踢腿

乙方晃動兩拳向甲方推進；甲方看準乙方的動作變化，伺機俯身出腿低掃乙方跨出的腿腳；乙方因遭受突然

的掃腿而停身站立，並準備調整姿勢再次進攻；甲方運足
於乙方一側，左腿穩固身體，右腿隨身體的擰轉猛然向乙
方頭頸部橫勾踢出。（圖 2-158、圖 2-159、圖 2-160）

兩腳在運足接近對手時要靈活快速，抓住攻擊的時
機，突然發招踢擊對手，使對手措手不及。

圖 2-158

圖 2-159

圖 2-160

四十六、旋風腿

　　雙方對峙中，乙方跨出一步向甲方靠近；甲方兩腳蹬踏地面，使身體騰起向左側旋動，左腿觸及乙方；乙方被迫兩手防護；甲方緊接著以右腿隨左腿的動作向上旋起，以右腳腳跟擊踢乙方頭部或上身。（圖2-161、圖2-162）

圖2-161

圖2-162

　　旋風腿攻擊法是一種比較實用的腿擊招法，但運用起來有一定的難度，要求拳手有較好的彈跳力，身體也要具備很好的靈活性，才能較好地掌握這種腿擊法。

第五節　泰拳的防守反擊

　　泰拳防守的目的是消解對方的攻擊，進而發動反擊。攻擊和防守是泰拳中的一對矛盾，運用自如，可以使得拳手在實戰搏擊中攻而取勝、守而不敗。掌握了泰拳的防守之道，拳手方能瞭解對手的動向和招數，並能洞察對手動作和招數的真偽。

　　反擊之法，是建立在精湛的防守技術之上的。在對付不同的攻擊法時，泰拳具有不同的防守技巧，並能在嚴密防守的基礎上發出各種不同的反擊之法。防守反擊方法的實施離不開以拳樁為基礎的運足法，它使得身體在採取某一動作時，具備做出快速改變任意方向的能力。

　　泰拳的防守反擊技術主要針對對方的拳法、肘法、腿法、膝法攻擊和自己出腿被摟抓情況下運用。

　　泰拳防守反擊的要點：
- 任何一種防守技術必定要伴有積極的反擊動作；
- 反擊應當是直接出招的反擊；
- 靈活地採用各種戰術；
- 積極的進攻便是最好的防守；
- 洞察先機，把握戰機；
- 盡最大努力爭奪搏擊中的主動權；
- 採用立體式的自由搏擊方式。

一、對拳法的防守反擊

泰拳的防守反擊技術從外圍截擊和內圍回擊開始。對這兩種反擊技術，泰拳的拳師們總結為：手需要保持高位防守勢，運足靈活，視覺敏銳，反擊招法要狠。

外圍截擊是指防守後採取拳擊、腿擊和腳蹬等反擊法。

內圍回擊是指採取肘擊和膝撞等招法回擊。

泰拳防守反擊的技術很多，需要在實戰中靈活運用。拳手在實戰中可以直接地以拳對拳，即在對手出拳攻擊時，拳手在防守的同時直接、快速、準確地發拳反擊對手，造成對手在攻擊中的破綻，或者在運足時尋找發招時機，乘隙進攻對手。

如果對手直接揮動拳臂進攻，拳手可以縮身以退避，待對手拳勢一過，立即進行還擊，可以做連續的攻擊或做邊打邊退的戰術攻防技術。當我方的直接連擊使對手防護失措時，可以緊接著採取多種招法重擊對手。

如果對手採用直接衝過來的連續發招攻擊，拳手可以迅速向一側閃身，尋找對手出現的空檔，以拳法或肘法擊打對手的腰肋一側，或以猛烈的反擊擊打對手的面門，形成截擊法。

如果對手發拳速度稍慢，拳手可以採取左右勾擊拳法，避開對手的攻勢後，立即發出勾擊拳反擊，時機掌握在對手拳勢剛過，會令對手措手不及而敗北。

泰拳中還有比較驚險的拳法防守反擊技術，即拳手在對手出拳的同時，以一種擺擊拳法或直擊拳法向對手的出

拳手臂交叉發出，形成交叉攻擊，運用得好，常會令對手措手不及。有時，拳手可以在對手揮動拳臂攻來時，上抬兩臂防護，攔格對手拳招，緊接著振臂擰肩，順勢挺肘，以肘鋒刺戳對手的面門或胸部，適時地發招止住對手的攻勢或擊敗對手。

如果對手擅長右拳攻擊，當對手出拳勁力剛過，我方閃至對手一側，揮動手肘擊撞對手面門，並配合腰髖擰轉的勁力重擊對手。對付對手的右手拳重擊法，要掌握好時機，把握對手的出拳方式，準確地予以回擊。如果對手採用多種拳法的組合攻擊時，我方也可以運用膝腿招法破解對手拳招。一般來講，在對手用右拳進攻時，我方用左腿膝招數反擊；在對手用左拳進攻時，我方用右腿膝招數反擊。在直接用腿反擊對手時，要保持較高的拳樁防守姿勢，以便對手出拳時，可以直接發腿蹬踹對手的胸腹部。拳手有時採用腿腳的踢法直接攻踢對手的手臂或腰肋部，使對手在遭受痛擊後綿軟無力，喪失或減弱了攻擊的威力。如果對手兩手一前一後地發動攻勢，我方可以直接地發腿擊踢對手因發拳而暴露的兩肋側面，使其無法發出有威脅的重擊拳法。

（一）防直擊拳反擊

甲乙雙方對峙。乙方左手晃動，突發右拳直擊甲方頭部；甲方注視乙方的拳勢，移動步伐，屈左臂格擋乙方擊出的右拳；然後不等乙方變招，左腳踏地，右腳快速地向乙方胸腹部前蹬踢，擊退乙方。（圖 2-163、圖 2-164）

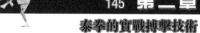

圖 2-163

圖 2-164

　　如果對手採取直擊拳攻擊，可以在閃身或做格擋後，
直接發腿或其他招法還擊對手。

（二）防右手拳反擊

甲方準備移動；乙方搶先向甲方移步，並發右拳攻打甲方；甲方上抬左手格擋，右手隨身勢的推動，發拳直擊乙方胸腹部；乙方因受擊打而縮身後閃；甲方攻勢不停，緊接著以左腳踏地穩定身體，右腿屈膝向乙方橫掃踢出，擊中乙方腰肋部。（圖 2-165、圖 2-166）

第一次發招是還擊對手，破壞對手的嚴密防護，緊接著快速發招追擊對手。

圖 2-165

圖 2-166

(三)防拳法反擊

乙方向甲方靠近，左手防護，右手出拳攻擊甲方面門；甲方迅速地以左臂格擋乙方右臂，向前一步貼近乙方，發出右手擺擊拳攻打其頭側部，待乙方因被擊而準備後撤時，緊接著左腿支撐身體平衡，突起右膝頂撞乙方腰肋側。（圖 2–167、圖 2–168）

近身發招反擊對手要把握好出招的時機，以便準確地擊中對手。還可以配合連擊的招法擊退對手。

圖 2–167

圖 2–168

(四)防拳法反擊

甲方以拳樁姿勢防守時,乙方向前發右拳直擊甲方頭部;甲方準確地發出左拳臂格擋乙方的拳勢,緊接著左腳踏地,右腳突起發出彈踢腿彈踢乙方的腹部或襠部;乙方遭受攻擊而縮身重新調整姿勢,甲方右腿下落鞏固馬步,右手順勢以擺肘擊撞乙方面門或頭側。(圖 2-169、圖 2-170)

發腿還擊對手後,如果此時與對手的距離更為接近時,可以用肘法或膝法擊撞對手,以防對手重新發招。

圖 2-169

圖 2-170

(五)防拳法反擊

乙方晃動左拳佯攻，右手突然發拳直擊甲方胸部；甲方跨步接近對手，左手格壓乙方右臂，右臂隨腰髖勁力發肘挑擊乙方咽喉或面部；乙方遭到重擊而身體晃動，甲方緊接著移動步伐閃至乙方身後，發左肘後擊刺乙方背部。（圖2-171、圖2-172）

左右手肘法的反擊，要隨對手的動作變化而相應變化，在發起攻擊時，要用步法調整好身體重心，以便肘擊更加有力。

圖2-171

圖2-172

(六)防拳法反擊

乙方左手防護，向甲方發出右手拳的重擊攻勢；甲方注視乙方的拳勢，迅速下閃身體，躲避過乙方的拳勢後，跨步以右膝側撞乙方腹肋部；乙方被擊而俯身，甲方右腳落地，隨身勢的變動連發右肘橫撞乙方腰肋側或後背（圖2-173、圖2-174、圖2-175）

肘膝法的連招還擊在近距離搏擊中，要求發招快速、準確，連續不斷地攻擊，不給對手轉身還擊的機會。

圖 2-173

圖 2-174

圖 2-175

(七)防拳法反擊

雙方對峙，乙方移步發右手擺擊拳攻打甲方頭側；甲方以左手上挑削弱乙方拳臂的勁力，緊接著左手向乙方耳側猛然拍擊；乙方因被擊而頭部低下；甲方左手扣住乙方頭頸不放，左腿支撐身體，右腿屈膝，猛然向乙方腰側部衝撞。（圖 2-176、圖 2-177、圖 2-178）

以手法拍擊對手的身體要害部位，使對手無法發出攻勢。可以近身發出膝法或肘法攻擊。

圖 2-176

圖 2-177

圖 2-178

(八)防拳法反擊

乙方移步向甲方靠近，以右手擺擊拳擊打甲方面門；甲方迅速以左手格擋乙方的右拳臂，右手緊接著發出勾擊拳衝過乙方的左手防護擊向其腹部；乙方被擊中而縮身時，甲方右手接著由勾擊向上變化，以挑肘挑擊乙方下頜或面門，不待乙方做出反應動作，以右肘肘鋒下砸乙方胸部。（圖 2-179、圖 2-180、圖 2-181）

在對手遭到攻擊而防守有所疏鬆之際，近身發動肘法的連續快速地攻擊，可以衝破對手的防護或重創對手。

圖 2-179

圖 2-180 　　　　　　　圖 2-181

(九)防拳法反擊

甲方處於防守狀態，乙方突然以右手擺擊拳向甲方衝擊；甲方閃步下俯身體躲過乙方的右手拳，不等乙方收勢，甲方兩腿蓄力，左手防護，右手屈肘，以肘鋒勁力向乙方腹部擊撞而出；乙方被突擊後縮身後躲；甲方緊接著左腿支撐身體，右腿屈膝上提，突然撞向乙方腹部或胃脘。（圖2–182、圖2–183）

對於猛衝過來的對手，以肘膝法與對手近身纏鬥是還擊對手的較好方法。採用此類打法，要在防守後準確進入對手的防護線內，再做兇猛的肘膝法攻擊。

圖2–182

圖2–183

(十)防拳法反擊

乙方左手防護，右手隨身體的移動發出低勢勾擊拳擊打甲方腹部；甲方上前接近乙方，以左手下砸壓乙方的右拳臂，緊接著隨身體重心的前移，左腿支撐身體，右腿屈膝，向上擊撞乙方腰肋側。（圖2-184、圖2-185）

還擊對手的勾擊拳法，可以採取近身搏擊的方法，在做好防守的同時，以膝法阻擊對手的攻擊。

圖2-184

圖2-185

(十一)防拳法反擊

乙方發右手勾擊拳擊打甲方腹部；甲方用左手格擋乙方右拳臂；乙方抓住甲方左手；甲方進步掙脫左手，同時右手屈肘，橫向頂撞乙方面門；在乙方被擊而放手後，甲方移動步伐，右腿穩定身勢，左腿屈膝，猛然擊撞乙方腹部。（圖2-186、圖2-187）

近身肘膝連擊是破解對手短拳攻擊比較有效的還擊法。運用肘膝還擊時，常常會重創或一舉擊退對手。

圖2-186

圖2-187

二、對肘法的防守反擊

泰拳中的肘法防守反擊法，在實戰中多以近身的肘膝配合攻擊為主。攻擊目標多為對手的頭部或面門。

實戰中，如果準備靠近對手發動攻擊或進行防守，拳手要保持很好的運足法，兩腳要靈活地移動換步。如果對手比較擅長肘法攻擊，拳手要十分謹慎地與對手進行近身搏擊，必須在防守嚴密的前提下採用不同打法，才能有效對付對手的攻勢。

對手採取肘法攻擊，拳手可憑藉腿法或拳腿的配合進行連續猛烈的攻擊，並配合步伐的運轉，阻撓和回擊對手。這種打法的優點是以長制短，拒對手於外圍，其所擅長的肘法無法發揮出威力。

一旦與對手貼身近靠，也可以運用自己的肘法實施以肘對肘的還擊，同時注意身體上路的嚴密防守，才能有效戰勝對手的肘擊。

(一)防擺肘反擊

雙方對峙，乙方左手防護，右手以擺肘橫撞甲方上身部位；甲方迅速移步向乙方，發出兩肘下砸其橫擊的肘臂；乙方欲變化攻擊招數；甲方在移動身體的同時，右手扣住乙方的手腕，左手托住乙方手肘部，向相反方向擰轉其手肘，迫使乙方停止攻擊。（圖2-188、圖2-189）

這種打法屬於一種反關節的扭擒法。它在運用時隨對手的變化，抓扣住對手的手臂並迅速地擰轉，使對手因傷痛而無法繼續發起攻擊。

實戰攻防技術

圖 2-188

圖 2-189

(二)防肘法反擊

在搏鬥中，甲方準備向乙方推進，乙方先行以左肘擊撞甲方頭部或面門；甲方移步運足，左手防護，右手向乙方壓擋其擊出的肘臂，不等乙方收手，甲方右手不變，左手屈肘，隨身體的擰轉向乙方中門衝進，以肘鋒勁力向乙方砸擊。（圖 2-190、圖 2-191）

圖 2-190

圖 2-191

踏入中門進行還擊，動作要兇狠直接，不給對手任何
變招連擊的機會，這樣才能發揮出此招的威力而逼退對
手。

(三)防肘法反擊

在雙方纏鬥中，乙方以左手肘擊撞甲方面門側；甲方移動身體向乙方近身，右手屈肘壓砸乙方的左肘臂，緊接著迅速調整步伐，右手下落防護，左手隨身體的擰轉屈肘橫擊乙方面門側。（圖 2-192、圖 2-193）

近身的肘法還擊，需要有較好的身體靈活性作保證，身法、步法靈活，才有利於還擊對手，而不被人所制。

圖 2-192

圖 2-193

(四)防肘法反擊

甲方移動步伐向乙方接近,以左手拳擊刺乙方頭部;乙方做出防守反應,同時發肘從下向上擊撞甲方肩背部,迫使甲方收手;甲方緊接著換步移位,快速閃至乙方一側,同時以右手發出後肘擊刺乙方背部。(圖 2–194、圖2–195)

在與對手近身併用左右手肘法進行還擊時,要準確地判斷對手的變化,實戰中必須不斷變化攻擊方式,才能收到攻擊的效果。

圖 2–194

圖 2–195

圖 2-196 　　　　　　　　圖 2-197

(五)防肘法反擊

乙方向甲方衝來並發動攻擊；甲方迅速運足調整身體的姿勢，右手防護，左手屈肘迎擊乙方的近身；乙方欲抓住甲方揮出的左臂；甲方順勢揮動左手抽打乙方的面門或頭部；乙方被擊而後仰頭頸，甲方迅速恢復防守。（圖 2-196、圖 2-197）

以肘法迎擊對手的攻勢，要準確判斷對手的來勢，採取相應合理的回擊招法，阻撓或截擊對手，然後乘勢變招還擊對手。

三、對腿法的防守反擊

泰拳腿法的防守反擊，是泰拳拳師們十分重視的擊法。由於在泰拳中用腿進行攻擊和防守的情況十分頻繁，

防守腿法的反擊技巧歷來受到泰拳拳師們的喜好，同時腿法的防守反擊也出現了非常多的技術方法。

最基本的腿法防守反擊，同樣是在拳樁防守的基礎上運用各種擋架法，以拳、臂、肘、膝等部位抵擋或削弱對手的腿法攻擊的勁力和招勢。在搏擊中，一般都採用一手手臂格擋，另一手手臂作防護身體之用，隨時配合步伐的敏捷移動，一有機會，立即轉入反攻。

如果拳手技術較好，可以在對手發腿攻擊時，後仰身體以躲過對手的腿勢攻擊，然後迅速挺身乘勢進入，腳踢對手的頭部。有時可以採取以腿法蹬踢對手的支撐腳，以破壞對手的身體平衡，常可使對手站立不穩而倒地。也可以在對手腿踢時，上提腿膝相迎對手踢出的腿腳，以硬碰硬，用膝鋒的堅硬性和強大勁力抵擋對手的腿擊，對手常會因腿脛受到膝鋒的擊撞而受傷，從而喪失戰鬥力。如以腿膝來阻擋對手的腿擊法，格擋動作要適度，不能離對手太近，更不可與之近身，距離大致掌握在發出的腿腳能夠觸到對手即可。以腿腳格擋對手生效後，可以迅速地進行手法的反擊，或用手猛推對手的上身，使其失去平衡而倒地。如果對手採用下路腿法攻擊，拳手可以手向下撥開或擋開對手的腿脛，或者乘機抄托對手的腿部，緊接著以另一腿作為回擊掃踢而出，踢倒對手。

（一）防側蹬踢腿反擊

雙方對峙中，乙方以左腿側蹬踢甲方身體；甲方縮身收腹躲避乙方的腿腳，並迅速出左手下壓格擋乙方左腿，不等乙方收腿，左腳隨著腰身輾轉，發出右腿側蹬踢乙方

腰肋部；乙方因被擊而下落收腿，並重新調整身勢；甲方
落腳換步，發出右手臂肘橫擊乙方面門。（圖 2-198、圖
2-199、圖 2-200）

運用腿法還擊對手，可以直接用對手採用的腿踢法回
擊。泰拳的腿法回擊是實戰中最常見的攻擊和防守還擊法。

圖 2-198

圖 2-199　　　　　　　　圖 2-200

（二）防前蹬腿反擊

乙方向甲方靠近並以右腿前蹬踢攻擊；甲方收腹後閃，兩腳穩固身勢，未等乙方收腿，左手防格乙方左腿，左腿支撐身體，右腿屈膝向前蹬踢乙方胸腹；乙方因被蹬踢而後退；甲方快速下落右腿支撐身體，左腿隨身體的擰轉向乙方橫掃踢出。（圖 2-201、圖 2-202）

這兩種腿法的還擊，需要腰馬的有力配合，準確判斷與對手的距離後連續發腿還擊。

圖 2-201

圖 2-202

(三)防側蹬腿反擊

雙方對峙，乙方發左腿側蹬踢甲方腰腹部；甲方向一側進步，兩手格防乙方的左腿並向上掀乙方的左腿，乙方被困掙脫後退；甲方乘勢向乙方發出一拳攻打其腹部；乙方遭到攻擊，防守已被打亂；甲方緊接著左腳碾地，右腿向乙方腰腹部發膝衝撞。（圖 2-203、圖 2-204、圖 2-205）

這是多種招法的組合運用。可以用作連續反擊，動作擊出要連貫直接，不給對手調整還擊的時機。

圖 2-203

圖 2-204

圖 2-205

(四)防前蹬腿反擊

甲方處在防守狀態時，乙方突然向前發左腿前蹬踢甲方腰腹部；甲方迅速向一側閃步，上提左腿扣擋乙方左腿；乙方因腿擊的勁力被消減而收勢；甲方緊接著右腿隨身勢的擰轉放髖發出側蹬踢腿踢乙方腰肋部；乙方被擊而兩手下垂防守，甲方右腿落下穩定身勢，左腿猛然上提前蹬踢乙方面門或胸部（圖2-206、圖 2-207、圖 2-208）

圖 2-206

圖 2-207

圖 2-208

　　向一側移動身體閃開對手的攻勢，即刻隨對手的變化發動還擊。採用左右腿的連擊戰術，可以快速地發動猛烈攻勢擊潰對手。

（五）防彈踢腿反擊

　　乙方晃動左拳向甲方靠近，緊接著發出右腿彈踢甲方襠部或腹部；甲方看準乙方的右腿動作，發出左腿掛擋乙方右腿，接著不等乙方收勢，甲方左腿稍屈，同時向乙方腰腹部側蹬踢而出；乙方因被踢擊而使得防守放鬆；甲方左腳觸地碾轉，右腿隨轉身的勁力向乙方頭頸部橫掃。（圖 2-209、圖 2-210、圖 2-211）

圖 2-209

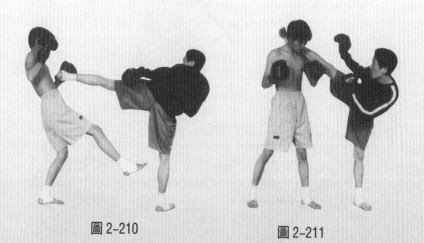

圖 2-210   圖 2-211

　　對手採用彈踢腿法攻擊時，可運用側蹬踢腿阻截對手的攻勢，並配合其他腿法迅速還擊。發腿阻擊對手的腿擊攻勢時，要判斷與對手的準確距離，以保證發腿能有效地擊中對手。

(六)防前蹬踢腿反擊

雙方對峙。乙方晃動拳頭，突然發出右腿前蹬踢甲方腹部；甲方向左側移步下屈，左手臂防護乙方右腿攻擊，同時在乙方下落右腿時，左手屈肘擊撞乙方心窩部；乙方被擊而晃動身體，甲方乘勢近身，右腿屈膝向上側撞乙方胸腹部。（圖 2-212、圖 2-213、圖 2-214）

圖 2-212

圖 2-213

圖 2-214

格擋對手後近身做肘法與膝法的反擊，要把握攻擊的時機，一招擊退對手後，緊接著發出另一招猛擊對手，迫使對手後退。

(七) 防鏟踢腿反擊

乙方移步向甲方接近，以左腳鏟踢甲方前膝部；甲方上提膝避開，緊接著左腿由上提變側蹬踢踢擊乙方腰腹部；乙方被踢擊後閃身體；甲方接著收回左腿，右腿隨身體的轉動向乙方腰肋部橫掃踢出。（圖 2–215、圖 2–216、圖 2–217）

預防對手低位腿法的攻擊，要看準對手發出的招式，相應地做直線腿法阻止對手向前攻擊，緊接著發出連擊招法重擊對手。

圖 2–215

圖 2-216

圖 2-217

(八) 防鏟踢腿反擊

甲方防守時，乙方晃動兩手，突然轉身以右腿鏟踢甲方腰髖部；甲方快速調整步伐，以左手托抄乙方右腿，接著轉身發出右腿鏟踢乙方左腿膝關節；乙方因被踢而後閃身勢；甲方緊跟著逼近乙方，以右手拳擺擊乙方頭側或頸部。（圖 2-218、圖 2-219、圖 2-220）

此招須在避開對手的攻擊、發招逼退對手後，連續發動攻擊。

圖 2-218

圖 2-219

圖 2-220

(九)防撩踢腿反擊

乙方在移動時突然變化身體姿勢，向後發左腿撩踢甲方腹部或襠部；甲方待乙方撩出腿後，右腿支撐身體，左腿向乙方快速側蹬踢出；乙方被腿擊胸部而收勢欲調整防守時，甲方接著左腳落地，右腿緊跟著向乙方背部橫掃踢出。（圖2-221、圖2-222、圖2-223）

圖2-221

圖2-222

圖 2-223

對付移動中發出後擊踢法的對手，要隨時注意對手的出招，以防遭遇對手的突然襲擊，還要時刻注意對方的變化，迅速敏捷地進行反擊。

(十)防撩踢腿反擊

甲方準備向乙方推進，乙方晃動一拳，突然轉動身體，以右腿後撩踢甲方腹部；甲方迅速縮身避開乙方右腿的攻擊，右手同時向乙方右腿撥擋，接著跨步近身轉體，左手屈肘擊撞乙方背側；乙方因被肘擊向前踉蹌，甲方緊接著移動向前，發出右膝頂撞乙方臀部或腰肋。（圖 2-224、圖 2-225、圖 2-226）

實戰中對手欲採取轉身的背後發腿突然攻擊，甲方在防守時要準確地觀察到對手的發招預兆，在對手的發招同時發起反擊動作，快速進入反攻。

圖 2-224

圖 2-225

圖 2-226

(十一)防橫掃踢腿反擊

乙方晃動左拳，快速發出右腿橫掃踢擊甲方頭頸部；甲方移步，上抬左手臂格擋乙方右腿，以減弱乙方的右腿攻踢勁力，緊接著順勢向前發出右腿蹬踢乙方腹部；乙方因被蹬踢而後縮身體，甲方右腳落地，左腿騰起向前上蹬踢乙方頭部。（圖2-227、圖2-228、圖2-229）

圖 2-227

圖 2-228

圖 2-229

　　格開對手橫掃踢一類的腿法並近身還擊時，要準確地判斷對手的變化，接著以左右腿法連擊對手身體的不同部位，使對手無從進行有效防護，導致敗北。

(十二)防橫掃踢腿反擊

　　甲方向乙方逼近；乙方兩腿移動，發出右腿橫掃踢向甲方頭部；甲方向前移步，以左手臂格開乙方右腿，隨即向對手推進，右手屈肘向乙方胸部猛烈下砸撞擊；乙方被肘擊而縮身；緊接著甲方變化腰馬姿勢，發左膝衝撞乙方腹部。（圖 2-230、圖 2-231、圖 2-232）

　　對手發動橫掃踢踢腿高位的攻勢時，可以看準其攻擊方法，近身格擋，隨著身體進入對方中門，即刻採取肘法擊撞對手或用膝法猛烈反擊。

圖 2-230

圖 2-231

圖 2-232

(十三)防橫掃踢腿反擊

乙方移動並兩手防護，突然發出右腿橫掃甲方頭部；甲方看準乙方的攻擊腿勢，兩臂隨身體的降落屈肘格擋開乙方的腿招，乙方剛收腳落地時，甲方接著以右手肘鋒橫向擊撞乙方胸腹部；乙方遭到甲方肘法的擊撞而身體搖晃時，甲方閃至乙方後側，以左手後肘法向乙方背肋部猛烈擊刺。（圖 2-233、圖 2-234、圖 2-235）

圖 2-233

圖 2-234

圖 2-235

　　此招是在防守對手橫掃腿法後做近身的兩肘連擊對手。要求在近距離搏鬥中準確發招，注視對手反應，預防對手的變招還擊。

（十四）防橫掃踢腿反擊

　　甲方移動並兩手防護，乙方左腳碾地，右腿突然橫掃向甲方頭部；甲方運足下閃身避開乙方掃踢，乘乙方擊空收腿時，右腿支撐身體重心，左腿突然向前側蹬踢乙方支撐的左腿；乙方被踢擊而搖晃身體，甲方攻勢不停，緊接著左腳踏地，右腿屈膝向乙方腰部或臀部頂撞。（圖 2-236、圖 2-237、圖 2-238）

　　下閃身躲避對手高位橫掃腿法，可以在對手發招擊空時乘機發動還擊，採取低位的腿法踢擊對手支撐的腿腳，可擊破對手。

圖 2-236

圖 2-237

圖 2-238

(十五)防勾踢腿反擊

　　乙方向前推進，以左腿勾踢甲方腰肋部；甲方看準乙方的腿腳動作，調整步伐，以左手臂壓擋乙方左腿，右手托抄其腳踝以控制乙方；乙方用力掙脫站立；甲方迅速向前以左膝頂撞乙方腹部，待乙方因被擊而後縮身體時，緊接著左腳落地，左手以肘鋒橫擺撞乙方胸部。（圖 2-239、圖 2-240、圖 2-241）

圖 2-239

圖 2-240

圖 2-241

　　對手發腿被控制然後又掙脫時，可乘對手剛站住即發
動近身的肘膝法擊撞對手的身體上下部位，將使對手無法
組織防守而遭到重擊。

(十六)防勾踢腿反擊

　　甲方正在防守移動時，乙方搶先發出左腿高掃甲方頭
部；甲方面對乙方發出的左腿，迅速以右手拳臂格擋並削
弱乙方勾踢的勁力，在乙方剛收勢時，接著左腳踏地，右
腿稍屈膝，向乙方前蹬踢其下腹部；乙方因遭到甲方蹬踢
而縮身時，甲方接著發出左腿向上蹬踢乙方面門。（圖 2-
242、圖 2-243、圖 2-244）

　　採取擊下踢上的腿法重點在於把握好還擊對手的時
機，這樣可令對手無法進行全面的防守而陷於被動。

圖 2-242

圖 2-243   圖 2-244

（十七）防擺踢腿反擊

甲方向乙方靠近；乙方佯作後退，突然轉身發出右腿擺踢甲方頭側；甲方快速移步接近乙方體側，以右手臂格

壓乙方右腿，左腿屈膝上提，猛然側蹬踢乙方腰背部，迫
使乙方前俯身勢，甲方接著左腳落地，右腿彈起向前猛力
蹬踢乙方臀部或腰髖，擊退乙方。（圖 2-245、圖 2-246、
圖 2-247）

　　從對手一側近身發動攻擊，使對手來不及做出相應的
防守而遭到腿腳的擊踢。

圖 2-245

圖 2-246

圖 2-247

（十八）防側蹬踢腿反擊

甲方保持拳樁防守並注視乙方的反應；乙方晃動兩手向甲方接近，接著左腿支撐，右腿向甲方腿膝側蹬而出；甲方兩手防護，同時上提左腿閃過乙方右腿的攻勢，不待乙方收腿，緊接著左腿由屈膝向前伸出側蹬踢乙方右支撐腿。（圖 2-248、圖 2-249）

圖 2-248

圖 2-249

作為低位的側蹬踢腿法，一般多用於攻擊對手下肢，以破壞對手的身體平衡。低位腿法的攻擊動作同樣要在把握好還擊時機後配合腰髖的勁力增強腿擊的威力。

（十九）防側蹬踢腿反擊

乙方直接向甲方靠近，上提左腿欲發動攻擊；甲方在乙方提膝時搶先上抬左腿向乙方發動擺踢法踢擊其頭頸部；乙方雖遭到踢擊仍發出左腿側蹬而出；甲方閃身，順勢兩手拍擋乙方左腿，左腿隨身體的擰轉向乙方支撐右腿低側蹬踹。（圖 2-250、圖 2-251、圖 2-252）

對手準備發動攻勢，可以搶先一步進行還擊，採取上下配合的腿法連擊對手，使得對手來不及做出有效的防禦。

圖 2-250

圖 2-51

圖 2-252

四、對膝法的防守反擊

泰拳中膝法的防守反擊技巧，是在與對手近身搏鬥時的還擊法，它需要身體具備較強的抵抗能力，當對手使用膝法時，採取內圍膝撞反擊或飛膝擊撞對手，以破解對手膝法的攻勢。

如果拳手的拳法技術還不過硬的話，就要儘量避免與對手的近身格鬥，應採用靈活的步伐運轉繞開對手，伺機反擊對手。如果對手擅長膝攻，可以採取以膝還膝的技術，在發膝動作上搶先於對手，以自己的膝鋒擊刺對手之腿膝，以達到擊撞或截擊對手膝招的目的。如對手採用飛膝攻擊，拳手可以看準對手發動的攻勢，以拳法或腿法準確反擊對手，使得對手的發招落空。

要做好膝法的防守反擊，最重要的是兩手保持防守的技術運用。泰拳中對手發膝時，多發出左腿膝招，拳手左腿斜退半步，以右手肘抵禦對手發出的左膝攻擊；如果對手發出右腿時，則做出相反的還擊動作。

(一)防沖膝反擊

雙方對峙。乙方向甲方衝過去並發出左膝擊撞；甲方迅速換步，調整身體姿勢，右手發肘下砸乙方左腿膝部，迫使乙方收腿落腳，在乙方收腿站立時，甲方攻勢不停，兩腳碾地，左手隨身體的擰轉向乙方回手肘擊撞其頭頸側或後背部。（圖2-253、圖2-254）

從較遠距離進入與對手近身搏鬥時，要嚴密防守以待對手發招並做出相應的還擊動作。採用何種擊法要根據對

圖 2-253

圖 2-254

手身體變化做出相應的判斷。

（二）防飛膝反擊

乙方突然縱步向甲方，準備騰身發動膝法擊撞；甲方密切注視乙方的攻勢，快速上提右腿阻截乙方起腿；乙方發招不成，收腳落地剛立穩身體；甲方右腳剛一觸地，緊接著踏跳地面騰身發出左膝向對方面門或頭部擊撞而出。（圖 2-255、圖 2-256）

採用腿膝法阻止對手所發動的猛烈攻勢，需要準確地判斷對手的動作變化，做好嚴密的防守動作，並運用有力的回擊招法重擊對手。

圖 2-255

圖 2-256

五、對出腿被抓後的防守反擊

在泰拳中，對於拳手出腿攻擊被抓如何解脫並反擊的問題，拳師們總結了不少經驗。

他們認為拳手在出腿時受到對方控制後，可以直接準確地採用拳法和肘法重擊對手面門或頭部；或者在腿腳被困時奮力扭轉腰身，使被困之腿屈膝，接著再猛然伸出擊踢對手的身體有效部位；有時還可以在稍微掙脫的瞬間以沖膝法擊撞對手，逼迫對手防守後退。

圖 2-257   圖 2-258

● **防出腿被抓反擊**

甲方向乙方發動攻勢，以左腿前蹬踢乙方上身部位；乙方遭到攻擊，兩手抄抱住甲方踢出的腿腳；甲方迅速地擰掙被困的左腿；乙方抱住甲方左腿不放；甲方緊接著向乙方衝去，兩手猛然發力托擰乙方頭頸部，迫使乙方放手。（圖 2-257、圖 2-258）

出腿時被對手托抓住，可以採用多種方法解脫，不僅可以擰轉對手的頭頸部，也可以用另一腿隨身勢的擰轉翻身做膝或腿擊撞對手身體，逼退對手的抓托。

第六節　泰拳的自由組合戰術

泰拳由體魄、耐性、速度、智謀、武藝五大要素組成，這五大要素基本上將看起來有些神秘的泰拳表現得基

本清晰。任何一個人經過這五要素的訓練和實踐後,都可以較好地掌握泰拳技藝,成為一名優秀的泰拳拳師。經過訓練後,拳手的拳、肘、腿、膝和摔拿等技術掌握純熟,將可達到立體綜合的攻防水準,能夠實現在實戰中拳腿併用、肘膝交加的合一境界。

體魄的訓練會使拳手的肉體與心靈能夠在實戰中承受長時間的劇烈運動,能夠支付劇烈搏擊中所需要的運動量,以及承受搏擊時所必不可少的肉體的疼痛、心理上的挫折,以及在劣勢條件下永不言敗的信心和堅決反擊敵手的意志力。

耐性的訓練能夠讓拳手在實戰中更加堅韌,不論遇到任何艱難困苦,都能夠以極大的自信和毅力去承受,在與對手搏擊中,無論遭到多麼沉重的打擊,都不會在一瞬間敗下陣來,而是憑藉強大的耐性經受住各種擊打帶來的痛苦,在非常困難的條件下也會勉強招架,決不放棄哪怕是一瞬間的反擊機會,在混戰中也會保持頭腦冷靜,決不會驚慌失措。

速度將會使拳手在發招時勢如閃電,猶如靈貓般地敏捷。拳手的速度訓練達到一定水準,各種泰拳技術才可以達到得心應手、快似閃電、收發自如的水準。速度快慢在泰拳中決定著拳手在實戰中能否把握得住稍瞬即逝的制勝機會。

智謀是在實戰中取勝對手的奇巧妙法之門。泰拳的智謀要教會拳手在與較強對手交手時追求智勝。使用各種巧妙的策略達到以己之長擊打對手,同時又避開了對手的鋒芒,使其無法逞強。泰拳的智謀要求拳手在搏擊中採用適

合的戰術策略克制敵人，因敵應變，用腦子擊退敵人。它告誡習拳者在實戰中要強而避之，逸則勞之，亂而取之，弱即破之。

武藝是泰拳的各種打鬥技巧，也就是泰拳的技藝之法。武藝是讓拳手的身體和四肢變成攻擊和防守的武器，使拳腿的運用有法度，並在實戰中以熟練的技法擊打對手。拳手在習拳後，將會掌握高超的泰拳技藝。

經歷了泰拳的體魄、耐性、速度、智謀、武藝的訓練，全面掌握了泰拳的技法之後，便可以進入泰拳的綜合實戰的境地，也就是達到泰拳的自由搏擊水準了。泰拳的自由搏擊之法，要求拳手在實戰中積累搏擊經驗，同時有意識地把握各種技藝的靈活發揮，使最基本的泰拳技法得以昇華，達到綜合實用的自由搏擊術，自然進入泰拳搏擊的法門之中。

泰拳自由搏擊技巧要求拳手在發動攻勢時要有猛虎下山般的氣勢，可以依仗高超技藝硬打硬進，面對對手的強勢攻擊不畏懼、不退縮，勇敢地迎擊之。當然，泰拳的自由搏擊技巧並不是拳腿的亂打亂踢，它要求拳手在實戰中拳腿動作高度協調配合，充分施展泰拳的攻擊威力。要求拳手採取主動的攻擊或連擊，或運足防禦對手的攻勢，並迅速發動反擊，以求最終擊敗對手。

掌握了泰拳的技藝之後，當拳手在進行實戰搏擊時，必須忘卻泰拳那些複雜的基本技藝，全憑心靈直覺的反應發招攻擊和防禦反擊，使得泰拳技法在實戰中變得簡練、直接和實用，使得拳手在搏擊中不斷令自身得到完善。

根據經驗，泰拳拳師們將泰拳的諸多技藝歸納為幾個

重要的經典拳理，他們包括泰拳的攻防格局的執行和智謀兩類概念。

一、攻防格局的執行

泰拳中以「蓄、閃、遮、發」組成了泰拳搏擊中所有變化形式情況。

- 蓄：為準備進入搏擊狀態預做接招或進攻；
- 閃：閃避對方的凌厲攻勢；
- 遮：遮封的意思。格擋對方對致命點的威脅；
- 發：使出出擊對手的技術招法，進入攻擊或防守。

二、搏擊的智謀

當拳手開始進入自由搏擊，執行以蓄、閃、遮、發形成的搏擊局面，需要有智謀的配合，使得拳手在實戰中能夠深入地瞭解搏擊的技巧，採取適合的戰術和技巧，以使自身能夠有效地決定搏擊的成敗。最終進入泰拳技藝的自由法門。

三、泰拳自由搏擊組合技法

(一)左擾視拳—右直擊拳

甲乙雙方對峙。甲方向乙方移動，發出左手拳干擾乙方的防守變化；乙方向前上抬左臂格擋甲方發出的左拳；甲方在乙方動作變化時，迅速收回左拳，緊接著以右手拳向乙方頭頸或上身擊去。（圖2-259、圖2-260）

左手拳的運用主要為了引起對手的反應，實際上在左

圖 2-259

圖 2-260

拳收回時右拳連擊而出，真正擊打對手。第二次發拳攻擊的動作要快，並在對手改變防守動作的過程中擊中對手。

（二）右直擊拳—左勾擊拳

乙方準備向甲方靠近；甲方晃動左拳引起乙方注意，以右拳迅速向乙方頭部擊出；乙方因遭受突然的發拳攻擊

而縮身閃躲，並發出左拳還擊甲方頭部；甲方緊接著兩腳運足換步，以右手拳格擋乙方發出的左拳，隨腰馬的蓄勁，發出左手勾擊拳擊打乙方腹部或腰部。（圖 2–261、圖 2–262）

發出直擊拳落空後，要快速地變化拳招，變換招法迎擊對手的反擊。

圖 2–261

圖 2–262

(三)直擊拳─擺擊拳

　　甲方以馬步運足移動，並以左手擾視拳迎向乙方；乙方注視甲方拳勢的變化；甲方迅速運足移步向乙方逼近，左手拳由擾視變為向前突然直擊乙方的腹部或心窩；乙方被甲方左拳擊中而後縮腰腹；甲方緊接著左手回收，右手握緊拳頭，猛然在乙方發出左手前向其交叉擺擊而出，擊中乙方面側。（圖 2-263、圖 2-264）

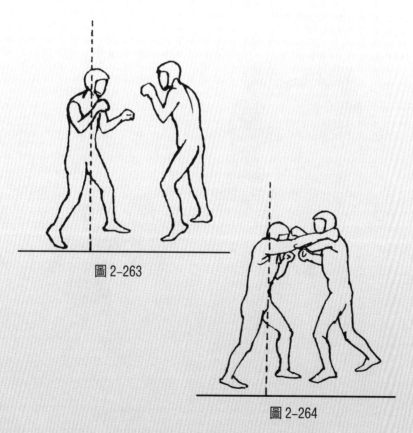

圖 2-263

圖 2-264

左右手拳法的配合，可以做向下和向上的突然攻擊，使得對手在防守不及時遭受擊打，防禦完全打亂。

(四)擾視拳—直擊拳—逼肘

乙方正在移動；甲方以左手擾視拳晃動，吸引乙方注意，接著左手稍收回，右手發直擊拳擊打乙方頭部；乙方遭受擊打向一側屈俯頭頸；甲方右拳剛一收回，快速跨進一步踏入乙方的中門，發出左手肘橫擊撞乙方的胸腹部。（圖 2-265、圖 2-266）

圖 2-265

圖 2-266

擾視拳作為泰拳的一種拳法技巧，在實戰中有不可輕視的作用，當它運用奏效後，就可以有效地運用其他直擊拳法擊打對手。

(五)直擊拳—沖膝

甲方向乙方移步，發左拳直擊乙方面部；乙方在調整防守姿勢時被甲方擊中而下俯頭頸；甲方身體隨左拳的擊出而前移，左腳踏地支撐身體平衡，右腿屈膝，向前猛力衝頂乙方的腰肋部。（圖 2-267、圖 2-268）

突然發出前手拳法擊中對手後，可以緊接著在對手防守陷於混亂中隨身體的移位順勢發膝衝撞對手身體，常可有效擊潰對手。

圖 2-267

圖 2-268

(六)直擊拳—橫掃踢腿

乙方移步向甲方靠近;甲方發出右手拳直擊乙方,迫使乙方兩手上抬護住頭部;甲方在乙方兩手上抬時,兩腳碾地,右手隨身勢的變化回收,右腿緊接著向乙方腰背部橫掃踢出。(圖 2-269、圖 2-270)

右手拳攻打對手頭部時,同時起到了阻撓對手向前移動的作用,此時可以採取腿法從對手一側發動踢擊。

圖 2-269

圖 2-270

(七) 勾擊拳—反肘

甲方向乙方推進，晃動雙拳引誘乙方緊護頭部，緊接著隨腰馬的勁力發出左拳勾擊乙方腹部或腰肋側；乙方遭到打擊而縮身；甲方緊隨身體的前探移動轉身發出右手反肘擊撞乙方後背或頭頸。（圖 2–271、圖 2–272）

運用技法迫使對手加強頭部防守時，要進身發拳擊打對手暴露的身體部位，或隨自身移位的變化做其他技法的攻擊，使對手無法進行有效的防禦。

圖 2–271

圖 2–272

（八）上擊拳—側撞膝

乙方先向甲方進行攻擊，並靠近甲方準備攻擊頭頸部；甲方移動但被乙方近身困住；乙方緊接著發出右腿膝招準備擊撞甲方身體；甲方發現乙方兩手間的空隙快速發出左手拳向上勾擊乙方下頜，迫使乙方縮身躲閃，不等乙方發招還擊，緊接著左腿支撐，發出右膝向乙方體側猛烈撞擊。（圖 2–273、圖 2–274）

如果在實戰中被對手近身糾纏，並可能遭到對手的膝法攻擊時，要伺機快速尋找還擊對手的空隙，以擺脫對手的糾纏。

圖 2–273

圖 2–274

(九)擺擊拳—直擊拳

甲方向乙方靠近；乙方加強防守；甲方突然稍降身勢，向乙方一側隨身體的前探發動攻擊，以左手擺擊拳法擊打乙方胸腹側，迫使乙方向被擊的一側縮身；甲方攻勢不停，在乙方屈身時，左手回收防守，右手發拳直擊乙方頭頸側或面門，擊退乙方。（圖 2-275、圖 2-76）

圖 2-275

圖 2-276

採用不同的拳法從對手身體兩側做不同方式的攻擊，可使對手在對被擊一側進行防守時，另一側露出防守破綻而遭受攻擊。

(十)勾擊拳—頂膝

乙方向甲方推進，以左手拳攻打甲方頭部；甲方在乙方發左拳時，調整步伐，轉身以左手上抬摟格乙方左臂，緊接著右手出拳勾擊乙方腰肋部；乙方被擊而後縮腰身，甲方以右腿支撐身體，左腿屈膝向乙方腰腹部頂撞。（圖2–277、圖 2–278）

對手主動攻擊逼近，可在判斷對手或發現對手的拳勢後做出防守，並在對手未收勢時發招還擊對手。

圖 2–277

圖 2–278

(十一)閃躲—反肘

甲方防守移動時,乙方突然以右手的重拳攻打甲方頭部;甲方看準乙方的拳勢,迅速地向下蹲,閃躲其拳招;然後不等乙方收手,緊接著挺身跨步向乙方逼近,隨腰馬的勁力轉身發出右手反肘法擊刺乙方後背部。(圖 2–279、圖 2–280)

對手先發動攻勢時,可先閃開對手的拳招,使對手擊空而不能迅速地恢復防守狀態,進而迅速地進行有效的反擊。

圖 2–279

圖 2–280

(十二)近身—回手肘

乙方快速移動，發出右手拳攻打甲方的頭部；甲方注視乙方的拳勢，兩手進行防護的同時，向一側敏捷地移步，閃開對手的拳招，緊接著不等乙方反應變勢，乘機換步轉身，發出右肘擊中乙方胸部，擊退乙方。（圖 2－281、圖 2－282）

對付撲過來的對手，要看準對手的攻勢，及時地避開對手的擊打，由兩腳靈活地移動，尋找戰機，給對手以有力地還擊。

圖 2-281

圖 2-282

(十三) 砸肘—蓋肘

　　甲方移動時，乙方同時移動並發出左手擊打甲方頭部；甲方兩腳穩定身勢，右手拳臂上抬外格乙方的左手拳，緊接著乘乙方還未收手，右手不變，左臂屈肘，以肘鋒的勁力向乙方胸部下撞刺；乙方遭到打擊，後縮胸腹部；甲方攻勢不停，右手防護，左肘由向下擊撞變勢再向上以肘鋒挑擊乙方下頜或面門。（圖2-283、圖2-284）

　　近身以同一手法的肘擊反擊對手，要迅速地防守並切入對手的攻勢範圍內，發動突然的肘擊，使對手還來不及防守便遭到擊打。

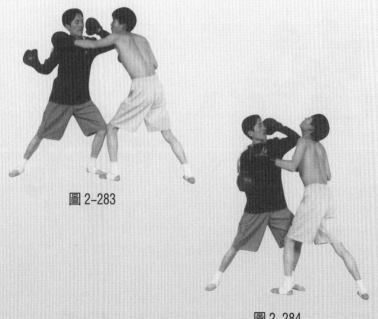

圖2-283

圖2-284

(十四)擺肘—撞膝

乙方發動攻擊，左手防守，右手隨步伐的移動發出重拳擊打甲方上身；甲方看準乙方攻勢，迅速向一側閃身避開乙方的拳勢，隨步伐的運轉用右手抓住乙方右腕臂，同時轉身以左手擺肘擊撞乙方面側或頭部；乙方被擊而屈頭頸時，甲方緊接著左腿支撐身體，右腿屈膝猛力側撞乙方腹部。（圖2-285、圖2-286）

如果對手先發動攻勢，要在對手拳勁剛過時準確、快速地進行反擊，採用上下配合攻擊技術，使對手來不及防守而遭擊打。

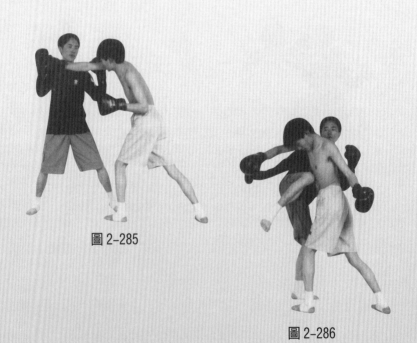

圖2-285

圖2-286

(十五)近身—沖膝

甲方向乙方移步靠近；乙方以右手拳擊打甲方頭部，甲方隨身體的前移迎過乙方右手拳，迅速以左手拳臂格擋乙方右臂，右手衝出抓住乙方頭頸或托按乙方頭頸，隨腰身的擰轉發出左膝衝撞乙方胸腹部。（圖 2-287、圖 2-288）

近身避開對手的攻勢，發動膝招擊撞對手身體，兩手可同時按壓對手頭頸部，以增強膝擊的力量。

圖 2-287

圖 2-288

（十六）閃躲—撞膝

乙方移步並發出左手擺擊拳擊打甲方頭側；甲方注視乙方的攻勢，迅速向下俯身躲避乙方左手拳，緊接著不讓乙方變勢便向其衝過去，兩手托抱乙方腰背，左腿發膝衝頂乙方腹部。（圖 2–289、圖 2–290）

閃躲對手拳勢後要乘其尚未發出其他招式，接著近身攻擊，在發出膝法攻擊時，兩手可以用肘下砸擊撞對手頭頸或後背。

圖 2-289

圖 2-290

（十七）沖膝—蓋肘

甲方向乙方推進時，乙方左手防護，右手出拳勾擊甲方面門側；甲方向後閃身避讓，並以左手臂格擋乙方右拳臂，待乙方靠近時發出左膝衝撞其腰腹部；乙方被撞擊而縮身時，甲方落下左腳，緊跟著發出右手蓋肘挑擊乙方下頜部。（圖 2-291、圖 2-292）

對手近身發勾擊拳時，可在向對手接近時發出左拳有力地格開其拳勢，乘對手腰腹部露出空檔，發動膝法攻擊，在對手被擊而縮腹時，再向上以肘挑擊對手，令對手不知如何防守。

圖 2-291

圖 2-292

(十八) 箍頸撞膝

乙方移步並向前發出右手擺擊拳擊打甲方頭側；甲方迎著乙方攻勢，上抬左手臂格撥乙方右手臂，兩手衝向乙方扣住其頸部，不等乙方變化，兩手用力下按壓乙方頭頸，右腿屈膝猛力向上擊撞乙方面門或胸部。（圖 2-293、圖 2-294）

發動箍頸撞膝的招法要準確地控制住對手的頭頸部，並能乘隙進入對手中門，以膝攻撞對手。

圖 2-293

圖 2-294

(十九)沖膝─撞膝

　　甲方向乙方移步靠近；乙方在甲方靠近時發出右拳勾擊其上身；甲方兩腿挺住身勢，以左手臂格開乙方右手拳；乙方緊接著發出左手擊打甲方頭右側；甲方左手托住乙方右手，右手格開乙方左手；乙方欲變勢；甲方搶先發出右膝衝撞乙方腰肋側，不等乙方做出反應，甲方右腿落下，發出左膝側撞乙方另一側腰肋部。（圖 2-295、圖 2-296）

　　格開對手拳勢，要迅速地發動左右側的攻擊，使對手來不及防守，便遭到擊打。

圖 2-295

圖 2-296

（二十）膝擋—擺肘

乙方向甲方移動，發出左拳勾擊甲方面側；甲方看準乙方攻勢，迅速向一側閃身，避開乙方拳勢，上提左腿抵擋乙方左手，待乙方拳勁已過，左腿下落穩固身體，緊接著左手屈肘向乙方頭側或面門擊撞。（圖 2-297、圖 2-298）

提膝格擋對手拳臂，要乘對手還未變化招式時發動攻擊，突擊對手，使其來不及防護而遭攻擊。

圖 2-297

圖 2-298

(二十一)格擋—轉身反肘

甲方跨出一步向乙方推進，準備發招攻擊；乙方搶先上步，以右腿前蹬甲方胸部；甲方隨即在前進時以兩手勾住乙方踢出的腿腳；乙方因被甲方困住腿部而晃動身體；甲方緊接著轉身，以左手反肘猛擊乙方胸腹部。（圖2-299、圖2-300）

控制住對手腿腳後，要及時地近身踏步逼入對手中門，乘對手尚未出招，迅速地擊打對手。

圖2-299

圖2-300

（二十二）刁抓─砸肘

乙方向甲方移步靠近，在左手防護的同時，以右手拳攻打甲方胸部；甲方待乙方擊出右拳，閃步於乙方體側避開其拳招，緊接著右手刁抓乙方的右拳腕臂，隨腰馬的蓄勁發出左肘砸擊乙方擊出的拳肘關節。（圖 2-301、圖 2-302）

圖 2-301

圖 2-302

如果對手以右手重拳攻擊，在避開對手的拳勢後，能夠準確地抓住對手拳臂，可以發出左肘砸擊對手出拳的肘關節，迫使對手因疼痛而停止其攻勢。

(二十三)雙肘格擋—反擊

甲方向乙方運足逼近，準備發動攻擊；乙方看到甲方逼近，移步向前發出兩拳貫打甲方頭部；甲方迅速地在移動中以兩手拳臂格擋乙方兩拳，在頂開乙方拳勢後，隨兩腿的挺身勁力衝過乙方兩臂發肘撞擊，擊中乙方胸部。（圖 2-303、圖 2-304）

對付晃動雙手進行攻打的對手，應以兩手格擋對手，在近身同時猛然發動攻擊，乘勢擊破對手。

圖 2-303

圖 2-304

(二十四)雙肘反擊

乙方乘甲方移步時，發右腿掃擊甲方腰肋部；甲方移步乘勢踏入乙方腿側，迅速地以兩肘格擋乙方的右腿脛，削減乙方腿擊的勁力，緊接著下壓乙方腿腳；乙方欲收腿時，甲方急轉身勢，左手屈肘向後反肘擊撞乙方胸腹部。（圖2-305、圖2-306）

壓擋對手擊出的腿脛時，要乘機做轉身的還擊，使對手因大意於防守而遭受攻擊，被突然襲擊或倒地。

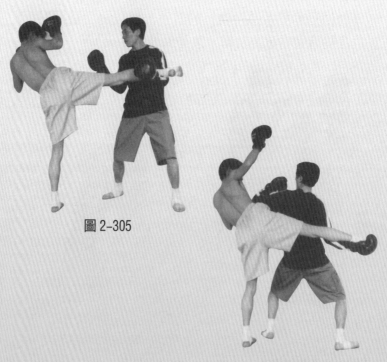

圖2-305

圖2-306

（二十五）左右手擺肘

甲方向乙方逼進；乙方則向甲方靠近並突然施用摟抱動作；甲方在剛被乙方托住胸部時，急發左肘橫擊乙方面側；乙方被肘擊而向一側屈頸時，甲方攻勢不停，左手擊出後稍屈防守，緊接著右手屈肘橫擊撞乙方另一面側。（圖 2-307、圖 2-308）

搏擊中被對手纏抱時，可以兩手屈肘連續擊撞對手面門或頭部，迫使對手無法輕易近身。

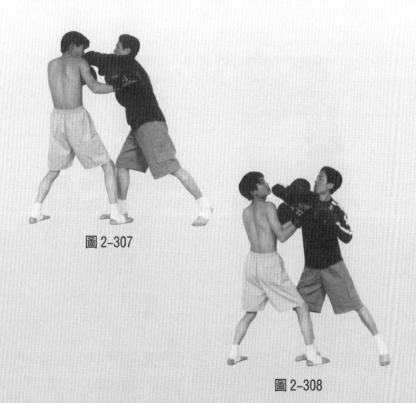

圖 2-307

圖 2-308

(二十六) 擺肘—砸肘

乙方持守勢向甲方逼近；甲方注視乙方變化情況，在乙方尚未發招時，向乙方迎上去，發左肘以肘鋒衝破乙方防守線橫擊撞乙方面門；乙方被擊而後仰身體；甲方攻勢不停，緊接著左手屈回防守，右手發肘向乙方胸部砸撞。（圖 2-309、圖 2-310）

在對手迅速移動逼近時，要看準對手的動作變化，快速近身，以左右手的肘鋒勁力衝破對手的兩手防護線，進而攻擊對手。

圖 2-309

圖 2-310

（二十七）擺肘—反肘

甲方向乙方發動攻擊，上步向乙方發出右手擺肘橫擊乙方胸部；乙方左手防護，右手以右直擊拳還擊甲方；甲方以左手臂格擋乙方的右手拳，左腳快速碾地促使身體旋動，突然轉身發出左手肘反擊乙方面門或頭頸部。（圖 2-311、圖 2-312）

與對手形成近距離的格鬥，要及時地迫入對手的中門，並注視對手使用何種還擊招法，進而發動突然的攻勢，使對手尚未收回擊出的拳勢而被擊打。

圖 2-311

圖 2-312

（二十八）擺肘反擊

乙方先向甲方跨步逼近，發出左手拳擊打；甲方向一側閃步移動，隨著左腿運足的伸直，以左手拳臂格擋乙方左手拳，右手同時防護，不等乙方收手，隨身體重心的移動，轉身發出左肘斜撞擊乙方下頜或面門。（圖 2-313、圖 2-314）

與對手接近時要注視對手發招的變化，及時地做出防守動作，並採取有效的反擊法擊中對手，迫使其退縮。

圖 2-313

圖 2-314

（二十九）換步撩踢腿

甲方移步向乙方接近，以左手拳佯擊乙方頭部；乙方注視甲方揮出的左手拳，接著跨步發出右手拳臂格擋甲方攻勢；甲方兩腳快速地換步轉身，在稍側身對著乙方時，發出左腳猛然後撩踢乙方襠部或腹部。（圖2–315、圖2–316、圖2–317）

圖 2–315

圖 2–316

圖 2-317

如果採取向後的撩踢腿法攻擊對手，要在把握好攻擊時機的前提下，及時以兩腳換步向對手攻擊。換步的目的是縮短與對手的距離，並以此分散對手的部分注意力，進而反擊或攻擊對手。

(三十) 轉身撩踢腿

乙方向甲方移步準備發動攻擊；甲方迅速地向一側閃步並注視乙方的變化，不等乙方發招，甲方的身體隨左腳的碾地而擰轉，同時晃動左手揮向乙方面門，迫使乙方保持防守姿勢不變，緊接著轉身發出右腿撩踢乙方腹部或襠部。（圖 2-318、圖 2-319、圖 2-320）

向後撩踢對手襠部或腹部，在正式比賽中不允許採用。但如果面對兇惡的歹徒，可以準確發出向後的撩踢突擊，猛烈地擊中歹徒的要害部位。發招晃動一拳是為了吸引對手的注意，以便己方迅速地轉身發動攻勢。

圖 2-318

圖 2-319

圖 2-320

(三十一)運足—撩踢腿

甲方移動身體準備發動攻擊;乙方也同時跨步向甲方接近,並隨身體的前衝發出右手拳直擊甲方頭部;甲方則運用運足技巧,後撤右腳,在閃開乙方拳招後,以左腳踏地,擰轉腰髖,向後發出右腿撩擊乙方面門或頭部。(圖2-321、圖2-322)

靈活的運足移步技巧可以迅速地閃避對手的攻擊,並能以兩腳運轉的馬步進行有力的變勢還擊。

圖 2-321

圖 2-322

(三十二) 勾掛—掀擊拳

乙方先發動攻勢，在移步向甲方推進時發出右腿前蹬甲方腰部；甲方看準乙方發出的右腿，迅速地變化身勢，上提左腿勾掛乙方的右腿脛，兩手防護上身；乙方出腿踢空欲收腳；甲方左腿勾掛後落地，順勢在乙方收腿時以左拳掀擊其腹部。（圖 2-323、圖 2-324）

發腿勾掛對方之腿迫使其發腿擊空後，就要及時地進行攻擊，不讓對手調整變化發招，要隨對手的收勢而迅速地跟進。

圖 2-323

圖 2-324

(三十三) 勾腿—直擊拳

甲方向乙方移步逼進；乙方看到甲方逼近，撐身發出右腳蹬踢甲方的腿膝；甲方以右腿支撐身體，發出左腿勾擊或勾掛乙方右腿脛，格開乙方的腿腳；乙方收腿剛剛立穩，甲方緊接著轉身，以兩腿挺身的勁力發出右手拳直擊乙方面門或胸部，擊退乙方。（圖 2–325、圖 2–326）

由下勾擊對手擊出的腿腳後，迫使對手發腿擊空，當對手收腿時，不能讓對手有機會發起第二次攻擊，即刻迅速地進行攻擊，向上發招擊打對手頭部或面部。

圖 2–325

圖 2–326

(三十四)勾掛─掩面─勾踢腿

乙方向甲方靠近；甲方晃動一手引誘乙方反應變勢；乙方上步，發右腿踢踹甲方前腿；甲方移步閃到一側，發出左腿勾掛乙方擊出的右腿，向上勾掛使乙方失去身體平衡；乙方因遭勾掛而晃動身勢；甲方緊接著左腳落地，調整身勢，發出右手掩擊乙方面門；乙方被擊面門而慌亂後仰身體；甲方攻勢不停，右手回收，左手扣住乙方肩膀，猛然發出左腿勾踢乙方右腿，使乙方被擊而跌倒在地。（圖2-327、圖2-328、圖2-329）

圖 2-327

圖 2-328

圖 2-329

　　勾掛成功後，可以發動攻勢使對手動作慌亂無序，從而乘機發出上下配合的招法擊倒對手，並在攻擊時形成連擊的攻勢，令對手無所適從。

（三十五）膝擋—低蹬踢腿

　　甲方移步向乙方靠近，並上提左腿準備發腿攻擊；乙方發出左腿側蹬踢甲方身體；甲方提膝時由下向上擋住乙方的起腿攻勢；乙方未能擊中甲方，跟著下落左腳；甲方在乙方剛收腳時，乘機向乙方推進，同時發出左腿猛力側蹬踢乙方腰身。（圖 2-330、圖 2-331）

　　提膝讓對手搶先發動攻擊時，要嚴密地注視對手的動作變化，同時乘對手被格擋擊空時，不給其再次進攻的機會，快速地發招還擊對手。

圖 2-330

圖 2-331

(三十六)腿擋—掩面擊摔

甲方向前發出左腳側蹬乙方前腿；乙方繞過甲方的腿腳側蹬踢其腰腹部；甲方在乙方出腿後，左腿由前伸出，

緊接著上擋住乙方的左腿動作，使乙方發腿擊空，接著隨乙方的下落左腿，左手向前掩擊乙方面門，左腳同時向後反勾乙方左腿後側，迫使乙方因身體失去平衡而倒地。（圖 2-332、圖 2-333）

可以在對手發腿後，迫使其擊空時乘勢還擊，或上下配合攻擊，擊倒對手。

圖 2-332

圖 2-333

(三十七) 勾掛—蓋肘

　　乙方先向甲方跨步並發出右腿踢踹；甲方在注視乙方腿腳動作的同時閃步向一側，發出左腿勾掛，格開乙方腿勢；乙方發腿未中準備收腳；甲方左腳迅速落地，兩腳調整身勢，緊接著以左手防護，右手以肘鋒的勁力挑擊乙方下頜或面門。（圖 2–334、圖 2–335）

　　向下勾掛對手出腿後，緊接著向上發動近身的猛擊，使對手來不及做出有效的防守而遭到打擊。

圖 2–334

圖 2–335

圖 2-336 圖 2-337

(三十八) 勾掛—沖膝

甲方向乙方移動靠近，發出左腿蹬踢；乙方向上繞過甲方，以右腿前蹬踢出；甲方順勢以左腿向上勾掛乙方腿脛，使得乙方的發腿偏離攻擊路線；乙方收腳準備調整身勢；甲方乘乙方收腿站立，左腳迅速落地，右腿緊跟著向上沖出，以膝鋒擊撞乙方面門或胸部。（圖 2-336、圖2-337）

勾擊開對手發出的腿腳，可以乘勢近身發動攻擊，以膝還擊。

(三十九) 砸肘—頂膝

乙方在甲方防守稍移動時，上步發出右腿側蹬踢甲方腰肋部；甲方在防守時發現乙方擊出右腿，迅速地移步接

圖 2-338

圖 2-339

近乙方右腿，發出左肘下砸乙方腿脛部；乙方右腿被肘擊下落收勢；甲方緊接著發出右拳擊打乙方面門；乙方發出右拳還擊甲方頭部；甲方兩手緊護頭部，同時調整兩腳姿勢，發出右膝頂撞乙方腹部或襠部。（圖 2-338、圖 2-339）

對手在擊空後緊接著發拳還擊時，要看準對手的動作變化，乘對手在發拳時暴露出身體中段和下段部位及時地發膝頂撞對手，使對手在無暇防守情況下遭受打擊。

（四十）砸肘—拳擊—托腿摔

甲方向乙方逼近，準備發動進攻，晃動左拳向乙方頭部擊出；乙方發出右腿向甲方腰部側踢；甲方右手防護，

左手收回，向下以肘砸擊乙方踢出的右腿脛，迫使乙方收腿；乙方收腿後，甲方迅速地向前推進，發出左手掩擊乙方面門，右手同時托住乙方踢出的左腿，隨身體的前衝勁力推倒乙方。（圖 2-340、圖 2-341、圖 2-342）

圖 2-340

圖 2-341

圖 2-342

　　如果對手採用左、右腿擊踢，在使對手第一次踢擊落空時，要在對手收勢準備發出第二腿之際迅速地近身，控制住對手並給予有力的擊打。

(四十一)接腿—拳擊

　　乙方移步向前，發出左手拳但未能擊中甲方，緊接著發出左腳側蹬踢甲方下盤；甲方兩腳調整步伐，右手防護，左手成掌，迅速向乙方左腿勾接其腿；乙方快速掙脫，左腿屈膝收回；甲方滑落的左手握拳，緊接著向上擺擊乙方面門側；乙方被擊中而後閃上身；甲方左手攻勢不停，接著由上稍向下發出擺擊拳猛力擊打乙方胸部。（圖2-343、圖 2-344、圖 2-345）

　　發出同一手的拳法攻擊或還擊對手，可在第一次攻擊對手時擊亂對手兩手的防護，同時快速地發動第二次拳擊，使對手未能及時防守而被擊。

圖 2-343

圖 2-344

圖 2-345

(四十二)托抓—勾踢腿

　　甲方向乙方揮動左手拳誘使乙方做出動作；乙方發出左腳側蹬踢甲方下肢；甲方在乙方發招後，擰轉身勢，以左手托抓乙方左腳腳踝；乙方用力掙脫後，轉身發右腳蹬踢甲方上身；甲方緊接著轉身，發出左腿向上勾掛乙方右腿，使乙方發腿擊空，並以勾掛的勁力向外擺倒對手。（圖2-346、圖2-347）

圖2-346

圖2-347

接住對手的腿腳，但又被其逃脫，可在其發動另一腿的攻擊時，要注意對手的動作變化並做出相應的動作，猛力勾掛對手擊出的另一腿，全力使對手失去身體平衡而倒地。

(四十三)接腿—摔捧

乙方移步向甲方逼近，發出左腿前蹬踢；甲方看準乙方的發腿動作，調整步伐，前伸左手摟住乙方擊出的右腳腳踝，右手同時向前扣住乙方右腳，兩手同時用力上舉，左腿向前猛力勾踢乙方的支撐左腿，上下用力擊倒乙方。（圖 2–348、圖 2–349）

兩手如果扣住對手攻擊的腿，發腿勾踢對手支撐的腿腳，動作要快速，以防對手變化招式還擊。

圖 2–348

圖 2–349

第三章

泰拳搏擊的戰略戰術

　　泰拳經歷了數百年的洗禮，到今天不僅可以教會拳手學習和掌握泰拳的技巧，使他們不僅精通泰拳的基本技術，更能在實戰中充分發揮出泰拳的精華，在瞬息萬變的搏擊中即興發揮自己的技能和潛力。泰拳不僅教會了拳手拳藝，還磨鍊了拳手的心志，使其不斷地提高自己，掌握了用腦、用智力進行搏擊的能力。

　　泰拳的搏擊與其他許多競技比賽項目一樣，在激烈的實戰中，常常會冷門迭爆，即使非常優秀的拳手也未必能在比賽中擁有絕對的戰勝對手的把握。但是，和其他技擊術一樣，泰拳發展至今也形成了具有其特色的技擊戰術策略，以適應實戰搏擊的需要。

第一節　泰拳搏擊的基本情況

　　泰拳的練功法門具有泰國人的特有技巧，在平日的訓練中就要求拳手們集中精神對待訓練中的每一個細節，並在訓練中同時培養拳手們的堅毅和無所畏懼的拼搏氣概，鍛鍊在搏擊中征服對手的信心和態度，要求拳手們不怕艱苦，努力克服困難，堅持不懈地進行訓練。泰拳的拳手們為了把自己磨鍊得像鋼鐵般堅強，清晨就開始進行跑步練

習，接著練習腿腳的柔韌性，同時踢打香蕉樹或其他合適
的樹木，磨鍊腳的硬度。在練習館內，常用水牛皮製成的
沙袋做拳、腿、肘、膝的擊打訓練，在這些訓練中，拳手們
投入了令人難以置信的熱情，所有的訓練都充滿了激情。

由於泰拳具有泰國的民族特色，泰國人又多信奉佛
教，所以即使泰拳拳手好打善戰，但他們所表現出來的民
族禮儀也備受各國人們的讚譽。

泰拳最初萌生於古代的戰爭中，也是在戰爭中發展起
來的，觀其表面還是具有一定的野性的。不過，令其他國
家的拳手讚歎的是泰拳拳手在比賽中所表現出來的文雅的
禮師的精神。文雅和暴力鑄就了泰國人的民族個性。

一、泰拳搏擊中的拳手心態

泰拳拳手們不僅有令人嘆服的泰拳技藝，他們在信佛
的同時，也讓自己在實戰搏擊中能夠平靜地對待一切。有
時候人們對泰國人的這種表現感到不好理解，為什麼他們
會在溫文爾雅的同時竟會喜歡這麼一種近乎殘酷的拳術
呢？泰拳的拳師對此解釋說，拳手在經過泰拳的磨鍊後，
通過激烈的實戰搏擊展示自我，是在訓練和搏擊中解放自
己的體能，解放自己的精神。

泰拳拳手在搏擊比賽中，會表現得相當的平靜，他們
能夠在處於劣勢的條件下，仍然堅持戰鬥，決不退縮，看
不出絲毫的怯敵之意。可以看出，泰拳拳手的搏擊心態極
佳，他們能夠忍受對手的強力擊打，具有很強的耐受痛苦
的能力，經歷過無數的實戰搏擊，鑄就了泰拳拳手的勇敢
精神和自制能力。

　　泰拳拳手在搏擊或比賽前，會透過各種方法瞭解對手的情況，同時充分尊重所要面對的對手，並以其作為泰拳的最基本的禮儀。

　　在此基礎上，泰拳拳手們需要樹立牢固的對敵之心，保持冷靜的頭腦，靈活的戰略戰術，以及大無畏的搏擊精神。

二、搏擊戰術策略所需具備的因素

　　泰拳的自由搏擊戰術策略的考慮和制定，要求拳手將其在訓練中培養出來的各種素質在實戰搏擊中得到進一步的昇華和提高，能夠將立體式的自由搏擊技巧得到充分的發揮，從而達到攻守合一的境界。拳手在經過體魄、耐性、速度、智謀、武藝的綜合鍛鍊後，能夠自由地馳騁在自由搏擊的海洋中。泰拳的自由搏擊戰術策略的制定所考慮的因素，無非是對泰拳技藝的總結和如何在實戰中發揮最大效率。泰拳戰術的考慮因素包括：

- 與對手在搏擊開始前所應保持的距離；
- 搏擊中與對手的距離；
- 進攻、防守和還擊的時機；
- 搏擊中視覺的反應；
- 思維在搏擊中快速短暫的反應；
- 身體所能承受的抗擊打能力；
- 搏擊的耐久力。

　　一旦精通泰拳技藝，加之戰術策略的配合，拳手在搏擊中就不會只是注意如何採取戰術，就能夠依靠直覺發招攻擊、防守和反擊，達到強而避之，逸而勞之，亂而取之，弱即破之，在攻擊中防守，在防守中反擊。

第二節　泰拳的搏擊戰術

泰拳強調在搏擊中要運用有智謀的打法，要求拳手在實戰中運用大腦和思維擬定一套可以在攻防中擊破對手的法門。

好的技術運用可以在搏鬥中瞬間控制對手，這要求預先洞察對方的行動和方向，或者讓對方先發動進攻，然後乘機還擊，或者進行躲閃、阻擋，緊接著做出相應的反擊。總之，應當看清對手的行動計畫，採取有效的行動，使對手無法按照自己的戰術策略進行攻擊，最終落入我方的作戰計畫之中。

搏鬥中對手常常會用一些動作或言語刺激自己，此時一定不要讓自己受到這種刺激而採取不理智的舉動，在搏擊中要保持較強的忍耐性，讓自己在搏擊開始前放鬆自己。

泰拳的搏擊戰術策略包括進攻、防守和反擊三個方面，因此也要從這三個方面來全面制定自己的戰術計畫。

一、進攻戰術

泰拳的進攻分為兩種方法，一類是依靠自己良好的身體素質所進行的強攻硬打，另一類則是依靠靈巧的技戰術進行攻擊。

(一)強攻硬打

拳手在搏擊開始後，用猛烈的攻勢並密集地發招擊打對方，這是一種以快打慢的打法。上世紀 50 年代的泰拳王

「亞拉伯王子」鄔沙曼擅長此類打法，常常以連續不斷的攻勢擊倒對手。實戰中此種方法經常很有效，猛烈而接連不斷的攻擊會讓對手無法進行有效的防禦和反擊，很快敗下陣來。

(二) 技術攻擊

擅長使用技術攻擊對手的拳師，都會在搏擊中採取各種不同的有效的技術進攻手段，主動地、有計劃地攻打對手。上世紀 50 年代的綽號為「赤兔馬」的優秀拳師巴育，精通運用技術手段擊倒對手，其人發召擊人，不僅技術突出靈活，攻勢也極為快速有力。

二、防守戰術

泰拳的防守技術所採取的技術是泰拳整體防守技法的一部分，是拳手在基本的拳椿運足法的基礎上，根據對手的變化情況而實施的防守方法。對付強悍的對手，會因不同的拆解之法而形成不同的防守技巧。拳手在搏鬥中要靈活應變，不能拘泥於固定的招式，要用擋架、閃避、移步、先截、抱持等各種防禦之法削減對手攻勢的威力。

三、防守反擊戰術

防守反擊是拳手在對手發動攻勢後一瞬間所進行的發招攻擊。泰拳中幾乎所有的攻擊技法都可以作為反擊對手的技法。有時為了擺脫對手的進攻和發招的擊打，反擊的同時也常常配合防守法一起運用。拳手在搏鬥中選擇何種反擊法比較好，取決於拳手的防守性質。

　　泰拳在其發展中已積累了諸多運用於反擊的組合打鬥戰術。如何才能使防守反擊的技巧應用更為有效，這就要求拳手在平日的訓練中多練習一些組合技法的連擊打法，以應付實戰中不斷變化的情況。

四、泰拳的實戰搏擊戰術

以下是泰拳在搏擊中經常採用的一些戰術。

（一）佯　攻

　　泰拳的佯攻戰術與其他搏擊術一樣，在搏擊中拳手運用各種擊打招式引誘對手出擊，有時為了誘使對手發招，還會故意暴露身體的某些部位，製造假象，引誘對手出招擊打。

　　佯攻的進一步運用就形成了聲東擊西的戰術。這種戰術打法可以造成真真假假、虛虛實實或者指上打下、指左打右的效果。如果對手上當，將假動作當做真的攻擊招法而加以應付的時候，此時他已暴露了防守空檔，給我方以可乘之機。佯攻所產生的攻擊空檔時間很短，拳手應當及時把握，決不要輕易放過。拳藝較高的泰拳拳師可以在發出佯攻動作後，清楚地知道發出哪一種假動作會產生哪一種反應效果，還能在空檔出現時，迅速地發招擊打或連續地反擊對方。

　　實戰中佯攻的有效性在於拳手假動作的欺騙性和自己身體移動的速度，同時注意不要連續採用同一種假動作，以防被對方識破。

　　佯攻的運用技巧：

　　1.製造假象，故意暴露目標；

2.留下搏鬥中的空隙；

3.假裝退步；

4.故意放開頭部防守的一側；

5.視覺緊盯乙方對欺騙的反應；

6.佯裝體力不支，引誘對手進擊，迅速地進行反攻。

(二)拳樁運足進身

進身技巧是泰拳的一種戰術性的運用法，它和中國武術格鬥的進身技巧有著相似之處。泰拳拳手在格鬥時，進身技術的好壞也直接影響著最後的勝負，拳手與對手保持著一定距離，又想擊中對方，就必須依靠步法的運足技術去迅速地逼近對手，讓對手處於有效的打擊範圍內，進而發動拳腿攻擊對手。這些逼近對手進行攻擊的技術全憑拳手的運足技術能力，進行突然的移位擊打對手。

泰拳的運足進身技巧在實戰中不是單獨的一種進攻方法，它需要拳手在拳樁防守的姿勢上抓住戰機，勇於迅速地進身，同時立即展開攻擊行動。泰拳的進身技巧也是在基本的泰拳打法的基礎上，把一些複雜的運足技法融入實戰搏擊中。

拳手與對手搏擊前的進身方法如圖 3-1 所示，運足進身步法是拳手在與對方做直線對峙時，迅速地做原地進身攻擊。它們多數以斜進步法、左右側跨步法、三角步法和原地晃身繞圈向對方進身發動戰術性攻擊。

關於泰拳的運足進身技巧，泰拳的拳師們總結了一些較實用的搏擊進身要點，下面是泰拳的運足進身技巧的運用方法。

1. 原地直線的直接進身

採用各種步法直接地進行直線性進身，也就是圖 3-1 所示的進身技巧。

2. 身體重心先後移緊接著突然進身

這類進身技巧，是拳手的身體在所持的拳樁姿勢上，使身體重心稍向後移，然後突然地以前衝身勢攻擊對方。也可以在搏擊時，稍微使身體在後移的同時，略後退一小步，使對手進身逼近，然後發動突然的前衝攻勢，使對方來不及做出有效的防守姿勢即遭到我方的進身攻擊。

3. 原地突然運足進身

它使直線進身的進一步發展。直線進身是與對方都保持防守姿態時一方的進身，而原地突然運足進身則是在對方剛要發動攻擊的一剎那，另一方已完成了的進身法，就是說，當一方準備發起攻勢時已遭到了對手的攻擊。

4. 踩踏進身

踩踏進身的技巧在泰拳中運用不多，它主要是以拳手的前腳迅速地踩踏對手置於前面的腳面部位，令對手一時無法掙脫的同時，迅速地進身發動進攻，採取這類進身法，對手的腳被踩踏住以後，暫時處於進退兩難的困境，並且面臨拳手的攻勢而急於抽開被踩住的前腳，而在其困惑的一瞬間已遭受到拳手的擊打。拳手在運用踩踏進身攻擊時，要時刻注意到對方的表情反應，必要時隨時改用其

他方法吸引對手的注意力，達到進身攻擊的目的。

5. 改變角度進身

改變角度進身是拳手以步法的移動技巧，在原拳樁姿勢上改變一定的角度去接近對手，這類變角度進身法多採用三角步、左右跨步和左右的插步去逼近對手，發動招式擊破對手的防禦，給對手以沉重打擊。變角度進身要注意在移動身體時，先做較慢的動作，緊接著快速地移動變化步法節奏。

6. 踏跳進身

踏跳進身法是一種戰術性打法，但在一般情況下做直上直下的輕踏跳步伐時，會在一定程度上改變踏跳步伐的節奏。可以在原地踏跳步伐後，迅速地做向前兩腳的踏跳，衝近對手發招攻擊。此類踏跳步伐衝近對手的移位技巧多是拳手準備發動突然襲擊而選擇的一種戰術。

7. 節奏進身

節奏進身法和變角度進身法有些相似，不同的是節奏進身更適合於搏擊中發生的變化進身。拳手可以採用節奏進身技術，在對手發動攻擊動作或正在發出攻擊動作的同時發招攻擊對手，這種變節奏進身要求突然快速地攻擊對手，實戰中是不太容易掌握的，它需要拳手具備良好的身體素質和準確的判斷力，才有可能實施這種技術。此外，還可以在對手中止進攻動作以後，拳手緊接著以突然的節奏進身進攻，使對手來不及調整防守而受到攻擊。

(三)不同距離的搏擊技巧

不同距離的搏擊技巧是拳手與對手分別處在遠距離、中距離和近距離狀態時所採取的戰術打法，所要考慮的是如何在這些不同距離狀態下迎戰對手。

1.遠距離戰術

遠距離戰術的基本要點是拳手在搏擊時做合理的移動，創造拳腿攻擊的有利條件，在攻擊的同時，又能夠使自己巧妙地移動脫身，擺脫對手的擊打。善於進行遠距離格鬥的拳手能夠較好地判斷自己與對手的距離，在搏擊中冷靜地適時進身發動攻擊，能夠避免於己不利的近距離威脅。善於移動的拳手較之不善於移動的拳手有許多優勢，善於移動的拳手的動作速度比較快，而不善於移動的拳手，其發出的動作一般缺少快速和敏捷的變化，效果自然較差。採用遠距離的搏擊戰術，在面對對手時儘量不要做多餘的動作，應保持較好的體力，尋機攻擊對手。

2.中距離戰術

相對於遠距離戰術而言，這是拳手與對方更接近的搏鬥距離。兩者之間的相互擊打和碰撞逐漸增多。中距離的搏鬥對於以拳腿進行攻擊是比較有利的，拳手與對手都能以不同的拳腿招法做不間斷地攻擊。中距離對於拳腿的發招攻擊比較有利，但是拳手在攻擊的同時要注意以步法的靈活移動來保持嚴密的防守，可以採取各種躲閃、下蹲和封擋的技術對付對手，並且在防守後立即轉入反擊。可以

用連續的組合招法攻擊對手。

3.近距離戰術

當處在近距離狀態時，拳手要在拳樁防守的基礎上穩固身體的平衡，或者稍微降低身體重心，兩手嚴密地防守，可以在防守的同時發出拳肘攻擊對手。

降低身體重心有助於避開對手的攻擊，便於向對手逼近並迅速地發出肘膝法擊撞。近距離的搏鬥對於身材較矮的拳手比較有利，可以使矮個子拳手更便於逼近高個子拳手並發動近體攻擊，迫使對手失去身體平衡。因為高個子拳手本身的身體平衡就不太容易把握，因此高個子拳手要特別注意近距離搏擊對自己的威脅。

（四）隱蔽戰術

隱蔽戰術屬於拳手在實戰中運用智謀和變化攻擊法的技術。它要求拳手在搏擊中不輕易暴露自己的動作意圖，並盡力使對手產生錯覺，作出錯誤的判斷，從而為自己的攻擊發招創造條件。泰拳搏擊中常見的指上打下、聲東擊西、虛虛假假的打法都屬於隱蔽戰術的範疇。

泰拳在實戰運用中有許多經典的戰例，除了上面說過的常見方法外，還有一些其他戰法，提出來進行分析和研究。

1.以靜制靜

拳手如果遇到頭腦冷靜而又擅長以退為進的老練對手時，就不能輕易直接地發動攻擊，以防遭到對手強烈的反擊。對付此類對手，拳手要以拳樁易勢，靜觀對手的變

化，做到以靜克靜，待對手失去等待的耐性而首先發招攻擊時，其防守上必然出現空檔，拳手即可伺機進攻對手，達到以其人之道還治其人之身的戰術目的。

2. 以逸待勞

實戰中如果對手的攻勢比較兇猛，而且技術又比較全面，拳手就需要在搏擊中小心易勢。面對此類對手，拳手可以採用步法的迂迴移動技術並稍做後退，移閃躲避開對手的攻勢，使對手每每發招擊空或撲空，待其攻勢開始減弱，迅速地進身，全力進攻對手，以猛烈的拳腿招式擊潰對手。

3. 速攻

泰拳的速攻技巧是指拳手採取以快治慢的戰術，利用猛烈的拳腿攻擊迫使對手陣腳錯亂而遭到攻打，採用猛攻可以使對手連續受挫而呈現疲憊狀態，此時運用快攻，能取得較好的效果。

4. 以硬碰硬

當面對一個敢於頑強地發動攻擊並且攻擊勢頭極為兇猛的對手時，可以在對手發動攻勢並進身的時候，突然地以肘膝法回擊對手，並在進身時準確地發招擊中對手。因為對手的攻勢很猛，拳手回擊的招法也要同樣兇狠一些。

第三節　對付不同風格對手的戰術

在實戰中如何對付不同風格的對手，是泰拳拳手必須

解決的問題。拳手要能夠在一些基本的戰術打法的基礎上，還要掌握更多的搏擊技術方法，才能在實戰中占得先機。

歷史上的泰拳拳師們的無數經驗積累，使得泰拳這方面的戰術打法非常豐富。拳手在運用戰術打法進攻對手時，要努力尋找對手的弱點，給予其以致命的打擊，並能防範對手的反擊。戰術如何運用，要以不同對手的情況來確定，還要密切關注環境條件的變化，使自己的攻擊手段盡可能多樣化，有效化，在實戰中立於不敗之地。

一、對付善於拳法攻擊的對手

拳手經常會遇到善於運用拳法攻擊的對手，這樣的對手一般多對上身目標攻擊力較強，而對於下盤的防守和攻擊相對較弱。面對這樣的對手，拳手在嚴密防守自己的身體上段的同時，可以發出蹬踢類的腿法攻踢對手的腰腹部，迫使對手無法發揮其擅長的拳法優勢。還要注意儘量不採用高位腿踢法攻擊對手的頭部等部位，以防對手乘勢反擊。如果攻擊對手的下盤，可以用拳法重擊對手頭部和面門，迫使對手加強對頭部的防守，再乘隙進行下盤的攻擊。對手發出重拳攻擊時，拳手要時刻注意對手採用何種拳法，並在對手出拳時盡力避開對手較易擊打的位置，還要憑藉步法的機敏閃躲，令對手的發拳攻擊落空，從而使得對手因屢屢攻擊無效而情緒焦躁，便於我方趁勢回擊。

有時會遇到善於運用左手拳攻擊的左撇子拳手，拳手在平日的訓練中要掌握一些對付左撇子拳手的技巧，並經過大量的練習，使自己在遇到此類對手時，運用技術不會感到不舒服和陌生。左撇子拳手有個特點，當他發動拳法

攻擊尤其是重拳攻擊時，往往是從身體左側發出，與右勢
的重拳擊出正好相反。防守這類拳法，要靠步法的快速移
位，使得左撇子的左手拳的擊打落空。有時，拳手也可以
用手拍擊對手發出的左手拳，緊接著以另一手拳進行猛烈
的還擊。

二、對付出肘攻擊的對手

如果對手擅長以肘法攻擊，他必定要進入近距離才有
可能發揮出肘擊的威力。拳手面對此類對手，可在其發肘
攻擊時，伺機進入對手因發招而出現的空檔部位，或者迅
速地發膝擊撞對手，或者採取低位的腿法攻擊。

一旦對手進入近距離的纏鬥中，拳手應保持嚴密的防
守姿勢，用拳臂牽制對手的肘招，緊接著發膝擊撞對手腰
腹部，以完全控制對手的肘擊。由於對手為了肘擊已經進
入了近距離範圍，此時拳手如果採用拳和身體直接地接觸
對手將是比較危險的，因為此時雙方距離極近，防守或者
躲閃都已經不能及時地避開對手的發肘攻擊，此時唯有以
兩手前臂緊護對手肘擊將要攻擊的部位，使其難以得逞，
在減弱了對手肘招的攻擊勁力後，迅速地在一手防護的同
時，騰出另一手發招擊打對手。

三、對付善於腿踢的對手

遇到比較善於出腿踢擊的對手，拳手首先要保持與對
手稍遠的距離，待摸清對手腿擊的習慣招術後，接著運足
移步接近對手，引誘對手發拳招攻擊，以抑制對手的腿擊
的優勢。如果準備以拳法對付善於腿擊的對手，多採用低

位掃踢腿,攻擊對手的拳樁馬步,控制其腿腳的活動,待對手不慎露出虛勢後,緊接著發拳重擊對手。對手正在腿擊時,拳手要盡力避開其腿擊的勁力,向對手發腿的一側閃躲,同時以拳頭揮向對手,干擾並使其失去平衡,從而遲滯其腿擊發招。在泰拳的擂臺賽上,有不少名師因為一時大意,在發腿的同時遭到對手重拳的還擊而失利。

當拳手在遠距離已摸清對手發腿的習慣後,進一步逼近對手進入近距離搏擊時,兩拳臂緊密防護,緊接著以肘膝抑制對手的腿擊,常可占得上風。

四、對付善於發膝攻擊的對手

善於用膝法攻擊的對手,多數是以近身發動猛烈的膝招或連擊膝法攻擊的。拳手在善用膝法的對手逼近時,可以直接採用摔法破解對手的發膝攻擊,還可以使用肘法截擊對手。有時還可以近身緊貼住對手,迫使其發膝不成。

如果對手發膝將至,拳手要在對手逼近是迅速採取內圍戰術,運用短拳截擊對手腰腹部或短拳的連擊,破壞對手的膝招,使對手在發膝時身體平衡遭到破壞,這會大大挫傷對手發膝的耐性和信心。如果對手採用飛膝法撞擊,拳手要準確地判斷出對手的發招,緊跟著移動步伐,或迅速地後退以避開對手的攻勢,然後在對手落勢時及時地防守和招架,化解對手的膝招,並能在避開對手的飛膝招術後,及時地發拳回擊對手。如果在對手的攻擊下閃躲不及,拳手可以發出兩手拳臂和上抬腿膝迎擊對手的攻撞,做出硬碰硬的打法。有時,拳手還可以用兩手掌猛然推擊對手的發膝,將對手推倒,如果推擊被對手閃開,可以近

身與對手貼近做糾纏的戰術。

五、對付左右拳樁易勢的對手

對手如果是善於變化拳樁姿勢的拳手，對於我方來講困難就要多一些。這樣的對手可能技術掌握得較好，可以採用左右勢發招攻擊。面對這樣的對手，可先以拳腿的猛烈攻勢抑制對手的發招攻擊，或者以嚴密的防守觀察對手的變化，遲滯其發出的腿腳。通常情況下，拳手多採取外圍接近法，運用左腿或者右腿猛烈踢擊對手的前伸腿膝關節，迫使對手將注意力集中在身體的下盤，緊接著突然發腿向上高踢對手的頭頸，或以拳法重擊對手的頭部，一旦發招落勢，以拳或肘防護對手的還擊。

六、對付猛攻型的對手

實戰中經常碰到一上來就猛打猛攻的對手，這類對手進攻比較兇狠，但是防禦能力相對較弱。面對這樣的對手要儘量避開其兇猛的攻勢，相對減少與他近戰，而應以靈活的步法和身法保持與對手的安全距離，遇到有利的時機則毫不猶豫地給對手以突然有力的回擊。習慣於猛打猛衝的對手一般都不怕挨打，敢於迎上去接近另一方積極應戰，目的是想在盡可能短的時間內結束戰鬥，贏取勝利，因此常常不惜體力，甚至不顧一切地做最大限度的攻擊。這樣的對手進攻中體力都比較好，但是，雖然他在進攻時會占到一定便宜，卻往往不會將體力保持到最後勝利。所以在對付這樣的對手時，應該盡可能地採取磨的戰術消耗他的體能，直到對手的體能消耗幾盡，其攻擊的拳招也已

出現紊亂時，拳手便可以趁機利用步伐的移動技術迅猛地發動攻勢，以多種打法擊打對手，直至將其徹底擊潰。

七、對付善打防守反擊的對手

面對善打防守反擊的對手，拳手不僅要注意其發招方式，還要能夠做到及時地迎擊對手。擅長防守反擊的對手在實戰中的動作多數都非常謹慎，直接發招攻擊的情況較少，他的目的是在等待另一方發招進攻。拳手如遇到這樣的對手，可以直接地進步逼近對手，先做出一些佯攻動作，接著便是招法的連擊，出招一定要準確、有力，使對手的防守反擊戰術無法發揮出來。還可以採取運用多種戰術的打法，令對手首先失去耐心，比如突然發動攻擊後，迅速退到遠距離做防守反擊的準備，誘使對手發怒而主動發招進攻，此時對手防守反擊戰術已經失去效用。有時還可以結合假動作迷惑對手，然後突然地襲擊對手，並以連擊的方式使得對手沒有喘息的時間，最終敗退。

八、對付身材高大的對手

身材較高大的對手一般發出的拳腳力量較大，但也有其不利的一面，就是在發招時身體重心較高，容易在格鬥中失去身體平衡，而且他們出招的速度不是太快，身體的靈活度也受到一定限制。

拳手在面對這樣的對手時，應充分把握和利用對手的這些不利因素，採用適宜的戰術對付對手。當對手以直接的拳腿招法攻擊時，拳手要利用多變的步伐移動，使對手的發招屢屢落空，並且在對手發招的一瞬間快速地潛近對

手給予其沉重打擊，或者採用肘膝的配合攻擊，或採用勾擊拳法和擺擊拳法擊打對手。準備發招逼退對手，可以直接地以拳腿的招法猛擊對手的腰腹部。總之，遇到此類對手時，要做到避其鋒芒，攻其之短。

九、對付矮個子的對手

矮個子的對手自然喜歡近距離的搏擊，以發揮他身材矮小的優勢，回避對他不利的遠距離的搏擊。矮個子的對手發招的速度比較快，發拳出腿的招術也比較急，往往在搏鬥時鑽進另一方的身體旁並發出連擊法。拳手在面對矮個子對手時，應始終與其保持一定的距離，當發現對手企圖接近時，發出直擊拳法或蹬踢腿法迎擊或阻擊對手的靠近。發拳踢腿產生效果後，應迅速地進行招法的連擊。

如果對手向身體的一側衝過來時，要以直擊拳或擺擊拳猛擊對手，不讓對手鑽進的企圖得逞。對手如果已然逼近並進入近距離的搏鬥時，拳手要冷靜地應對對手，採取快速有力的拳招或者配合肘膝法擊退或逼退對手。

十、對付有智謀的對手

面對一個有智謀的對手，拳手不能輕易地發動進攻，否則容易被對手算計。

智謀型的對手經常採取以退為進的招法制人，拳手在與這樣的對手搏擊時，要穩固拳樁姿勢，採取以靜應靜的戰術，令對手失去耐心後首先發動進攻，這時對手所採用的搏擊戰術已經改變，拳手可以在持久的搏擊中使對手的計謀失效而處於下風，難以靠智謀取勝。

第四章

泰拳著名拳師訓練探秘

　　在世界拳壇中，泰拳向來以搏擊兇狠、驚險、獨特而著稱，因此被世人譽為「八臂拳術」「八條腿的運動」。縱觀泰拳的一些特點，可以看出它與中國武術的散打運動有許多相似的地方。泰拳的拳法也和國際拳擊的打法有許多相似的地方。泰拳除了在擂臺上可以運用拳、肘、腿、膝的招法外，在自由搏擊中還可以採用許多致命的打法來對付敵人。泰拳沒有一定的技術套路，技術也主要是由猛踢、膝撞和肘技的連環運用，但它卻可以擊敗眾多的各國拳技高手，因而，泰拳的習練方法也受到了各國拳手的重視和研究。

　　泰拳除了在搏擊中表現出來的攻防技巧、反應能力、身體素質、戰術策略、意志品質和承受能力外，還具備一些傳統的練功之法和專門為職業拳師制定的訓練方法，以考驗拳手的耐力和鍛鍊他們的技藝水準。

　　泰拳在 1970 年通過泰國拳擊議會，將泰拳統一成一個「萬法歸宗」的格局，使泰拳最終走向統一和規範，同期還制定了符合泰拳擂臺比賽的規章制度，取消了一些陰狠的搏鬥招式，促使泰拳走向規範和發展的新里程。

　　泰拳的職業拳手為了早日使自己成為泰拳大師，紛紛

從邊遠的泰國省府和地區來到泰拳訓練營，加入泰拳訓練。有些拳手在很小的年齡就開始接觸泰拳訓練。加入泰拳訓練營的拳手的命運從此就和泰拳訓練營連在了一起。他們為了把自己的身體練得剛強而又具備極好的柔軟性，經常在清晨就開始壓腿、活腰、彈踢腿法的反覆訓練，直到練至渾身大汗時，又到野外練長跑，在跑步練習過程中每遇到合適的樹木就進行踢打練習。在訓練館中，拳手們進行踢打沙袋練習，在數隻懸掛的沙袋中進行穿梭往復的左右閃躲的打踢招法練習。拳手們為了練就較好的身體素質，還要進行超負荷訓練，或在訓練中增強練習的密度。

一、泰拳拳師的訓練法

(一)跑步練習

泰拳拳師所進行的跑步練習，泰國各府所傳授的時間有所不同，但大多數拳場讓拳手在清晨開始跑步練習。泰拳所採取的跑步練習，可以鍛鍊腿肌的發達，對於拳師在實戰中所必須具備的腿腳移動技術都有幫助。跑步練習之後稍微休息一會兒，再開始進行其他項目的訓練。

泰國各府拳場的訓練情況略有不同，有的是在跑步練習後開始空擊招法的練習，有的拳場則是以跳繩開始練習。大多數拳場還是以空擊招法練習為主。

(二)空擊練習

空擊練習在泰拳中被稱為「擊影法」，它不僅可以做招法的直接空擊練習，還可以作為泰拳拳師的訓練熱身運

動，來加強拳師的身體肌肉和神經的興奮，使拳師的身體
能夠適應劇烈的訓練。泰拳的空擊練習法是指拳師在訓練
中以每次的發招假想擊打對手的狀態，這樣在訓練的同時
培養拳師在發招後的防守習慣。空技法招式，拳師要注意
兩手發拳的連貫性，以及步法的運足使兩腿勁力的順暢，
同時可以在訓練中配合步法進行發招。泰拳中還有拳師蹲
身空擊的練習法，它要求拳手在空擊發招時，身體保持下
蹲的姿勢，兩腿成較低的拳椿馬步做前後或左右的移動，
此種練法可以較快地增強拳師的下盤腿腳勁力。

（三）柔韌性練習

柔韌性的練習可以使拳師們的身體各個關節活動幅度
和範圍加大，並能使肌肉和韌帶得到伸展。拳師唯有具備
了良好的身體柔韌性，才能發揮泰拳的立體高度協調的打
鬥技巧，特別是腿踢法的運用，沒有較好的柔韌性是不可
想像的。泰拳的柔韌性素質訓練多以上下肢和腰腹的練習
為主，同時在訓練中注意自己的精神狀態以配合柔韌性訓
練的高效完成。

（四）踢打沙袋練習

踢打沙袋是泰拳訓練中必須經過的訓練。踢打沙袋可
以增強拳腳的硬度和威力，使得拳手在實戰中拳、肘、
腿、膝的發招更有威脅性。泰拳的沙袋練習是有一定的規
律性的，它要求拳師在踢打沙袋時不可使用蠻力，要在有
準備地環繞沙袋並做一定規律的移動進行各種招法的擊打
練習。用步法的移動進行踢打沙袋時要注意發招的不同位

置、角度和距離的變化，並不停變化訓練手段。拳師對踢打沙袋提出著位正確、勁力集中、貫徹性和呼吸適調四條重要規律。有助於拳師們快速地掌握不同的踢打沙袋方法。

(五) 引靶練習

引靶練習是泰拳中的拳靶和腳靶的訓練法。拳師在訓練中可以讓助手配合練習，助手也同時得到鍛鍊。助手在配合練習時，可做任意方向、角度引道，使得拳師向各個方向、角度發招，以不同拳法或腿法進行踢打的攻防練習，提高發招的準確性和靈活性。透過引靶的訓練對拳師的發招力量以及敏捷性都有一定的幫助。

(六) 對打練習

泰拳的對打練習是拳師參加比賽前不可缺少的訓練。拳師由對打過招的練習，不僅可以提高其出招速度，還能夠在對打中增強拳師的搏擊耐性和鬥志，使其能夠在搏擊擂臺賽上有效地發揮泰拳招法。

泰拳經過拳師們數百年的洗練，在今天的訓練法中，幾乎都是以接近實戰搏擊的要求進行訓練的。拳師們進行的對打訓練每局 3 分鐘，然後休息 1 分鐘，如此進行多回合的訓練。泰拳的著名拳師都非常重視對打練習，在這種訓練中充分地實踐拳藝在搏擊中的效用。

(七) 角力練習

角力練習法和中國武術的摔法有些相似，是兩位拳師摟抱在一起，進行長時間的纏抱、施摔、投摔等磨鍊馬步

的穩定和腿腳的力量，同時鍛鍊了拳師們的纏鬥耐性和身體的靈活性。泰國有名的拳場中的一些拳師在比賽前一階段，都要進行角力訓練，並且不斷加強訓練的難度和時間，以幫助拳師提前適應搏擊比賽的激烈狀態。在一般的角力訓練中，雙方是體型、力量大致相同的選手，練習中互相抱住脖頸，緊接著用力托拉、下壓或相互推動，同時還可以用膝招迎撞對方。兩方拳師在練習中形成兩力的相互抵觸，身體也隨動作的變化而緊貼在一起，拳師們如同實戰般用力地抵觸、繞轉和不停地移動變化，角力非常激烈，同時消耗了拳師大量的體力。隨著這種訓練一直堅持下去，提高了拳師角力的耐力，也使他們更加敏捷靈巧。

(八)試招練習

試招練習是指拳手經過訓練已經具備一定技術水準之後，與另一拳師進行試招訓練。兩方試招的拳師體型、體能要接近，互發招法又互相拆解、還擊，只是發招動作不要太兇狠，以防發生意外傷害。

此類練習可以培養拳師身體反應的靈敏性，以及將招法運用於模擬實戰之中。拳師們可以運用各種招法進行演練，一方發招攻擊，另一方則進行格擋或回擊，或者一方防守，另一方進行攻擊。訓練中可採用不同的距離和角度進行攻防演練，培養拳師的攻防習慣和拆解技法，掌握搏擊中的韻律和節奏，提高拳師的實戰能力。

(九)拳操練習

泰拳的拳操練習類似一種身體的柔軟體操練習，它採

用搖動頭頸、掌腕互壓、開髖壓胯、溜腿、蹲跳、彎腰等一些柔軟性的運動，練習目的是使拳師的身體關節肌肉得到伸展和靈活。此類練習法可以在緊張的訓練後進行，也可以在訓練前作為熱身運動。

泰拳雖然沒有拳藝套路，但拳師們有時為了增強訓練的效果，也會把泰拳的幾個招法組合起來像一組拳操一樣進行組合練習，以提高熟練程度。

二、泰拳拳師訓練的基本程式

泰拳知識中介紹了一些泰拳名師常用的訓練方式和程式，可以作為愛好者的借鑒和參考。

1. **練跑**。通常在早上6點鐘左右進行中速長跑練習。

2. **踢腿**。跑步一定距離後，可以選擇路邊適宜的樹木做踢腿訓練，加強腿腳的力量和硬度。

3. **過招**。回到拳場與教練員進行過招練習，以腿法為主，練習各種腿踢法。

4. **拳操**。過招結束後進行拳操練習，鬆活身體因緊張訓練而緊繃的肌肉、肌腱。

5. **空擊**。進行高低腿法的空踢練習，並配合膝招動作。

訓練中運動量的大小，要根據不同拳師的狀況略有區別，間隔休息時間以能夠消除疲勞、使肌肉放鬆為度。上世紀70年代，著名的泰拳拳師乃佛，當時被稱為「泰南彗星」，他的訓練比較科學合理，透過各種泰拳訓練法，能夠在實戰中發現對手出招的預動動作，憑藉自身的高超技藝切入對手防守破解其攻勢。

第五章

泰拳的比賽規則

泰國素有佛國之稱，泰國人民信佛，泰拳在演變中也受到泰國民族古老習俗和宗教的影響。拳手在擂臺比賽開始時都要做一些祈禱和表演的熱身儀式，當然由於泰國各府拳師宗派的不同，也有著不同的祈禱儀式。

開始上臺比賽時，拳手要解下頭上繫的神帶，戴上拳套，脫下外衣，只穿一條肥大的短褲，臂上束一條帶子（據泰國傳說其有避邪作用），並在下陰部戴上護罩。比賽鐘聲一響，裁判高喊口令後，比賽就正式開始了。

泰拳最早的比賽規則出現在 1788 年，但那時的比賽規則極為粗糙簡單，現已廢棄。今天的泰拳比賽規則，是泰國官方根據 1955 年頒佈的規則進行不斷的修正和補充，基本上符合當今泰拳發展的需要。

1.比賽場地

泰拳的比賽場地建立在比賽場中央的一個高臺上，臺上分紅、藍兩角，有供選手、助手、裁判等有關人員上下臺用的踏梯。另外有一對中立角。臺上四角均有上中下三條圍繩圍繞賽台，圍繩四角各附以三角形護墊護住。賽臺上有一層約 15 公分的厚軟墊，被一層帆布覆蓋著。

2. 服裝

參加比賽的拳手按規定穿紅色或藍色的短褲，以利於公證人、觀眾和裁判識別，拳賽進行時拳手可以戴彩帶或飾物。

行傳統禮師拳舞時，必須在頭上戴一吉祥環，名為「蒙空」，以示尊崇，但在接到比賽訊號時要除下。

參賽拳手可以戴上海產貝殼或者防禦撞擊的金屬罩在陰部，用以起防護作用。如果護罩脫落，拳賽立即停止，參賽拳手應在擂臺側面屏風後面重新戴上。

3. 手套

參賽拳手的拳套不可超過 6 安士，亦不準少於 4 安士，一般多為 6 安士的拳套。

4. 稱量體重

參賽拳手應在拳賽舉行之日按照指定的時間，在比賽的公磅處過磅，由賽場負責人見證，之後再由一位醫生檢驗身體。

參賽拳手如果體重超過規定，可在 2 小時內設法減去超重部分，如果無法辦到，可以尋求妥協途徑，或徵得雙方同意，以另一位同體重者代替。

參賽拳手必須年滿 18 歲。

5. 分級

泰拳比賽規則對拳手的體重限制較為嚴格，分為多個

級別：

次蠅量級——108 磅；

蠅量級——112 磅；

毛量級——118 磅；

次羽量級——122 磅；

羽量級——126 磅；

次輕量級——130 磅；

輕量級——135 磅；

次沉量級——141 磅；

沉量級——147 磅；

輕中量級——154 磅；

中量級——160 磅；

次重量級——175 磅；

重量級——175 磅以上。

6.儀式

是指泰拳手參加比賽所進行的祈禱儀式。拳手上場時各披戰袍，在音樂聲中走上拳台。拳手頭戴對圈，形如花環，泰語意為「望功」。拳手隨後向觀眾致禮。由於泰國各府拳派所授之法不同，所行祈禱儀式也有所不同。

7. 比賽

每次比賽以 5 個回合為限，每一回合限時 3 分鐘，中間休息 2 分鐘。

8.時間管理員

時間管理員為發出開始和停止比賽信號者。

9.禁忌

（1）參賽拳手必須赤足；

（2）女子不能接觸擂臺；

（3）拳手賽前禁止與婦女接觸。

10.規則

（1）每場比賽分若干回合，每回合限時 3 分鐘，中間休息 2 分鐘；

（2）凡擊中、踢中或膝肘撞中對方，或以任何行動使對方能力削弱而不犯規者，均可得分；

（3）一個回合中任何一方獲得 5 分者即作勝論；

（4）統計 5 個回合中得分高者為勝方；

（5）凡擊倒、跪倒，或者雖挺立卻不能再進行比賽者作敗論；

（6）擊倒後由公證人數數到 10 而不能起立再戰者，作敗論；

（7）凡被擊出擂臺之外者，負 1 分；由公證人數至10 不能立即返回再賽者，作敗論；

（8）鐘聲響起，表示一個回合開始，而其中一方不能繼續應戰者，作敗論；

（9）將對方擊倒後，仍繼續扭打、拋擲、撞擊或向對方吐痰、口咬、足踢等，作犯規論；

（10）插對方眼睛者作犯規論；

（11）用擒拿手法反扭對方關節，作犯規論；

（12）攻擊對方下陰部，作犯規論；

（13）鎖對方頸部，作犯規論。

11.賽場工作人員

（1）助理員

每一名拳手可以帶兩名助理員進入賽場，以便在兩分鐘的休息時間內協助或處理有關的事物。但在拳賽進行時，助理員要離開擂臺，而且不能從旁指點參賽拳手如何攻守。如果有違此規或者有其他犯規事件發生，都有可能累及參賽拳手被宣佈戰敗。

（2）公證人和裁判員

泰拳拳賽由一名公證人和數名裁判主持比賽，公證人在擂臺上，他的職責是控制參賽拳手的行為。拳賽開始前，公證人要檢視參賽拳手的繃帶或手套，拳手纏綁繃帶等物要捆紮妥當，腳趾甲要修短，足踝套或繃帶不準有任何硬物填充在內。

拳賽一般由三個口令控制：角鬥（促）；停止（逸）；分開（臆）。

裁判員在工作中除了必須離開擂臺外，還要與觀眾保持距離，執行任務時不得與觀眾商洽。

比賽中每一回合的最高分為 5 點，記錄分數的卡片由三名負責人保存。

公證人是拳賽的唯一管理人，其所作出的決定不得更改。

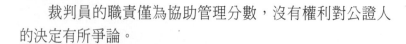

　　裁判員的職責僅為協助管理分數，沒有權利對公證人的決定有所爭論。

12.宣佈比賽無結果

　　如果其中一方或者兩方面都明顯表現出無心比賽的意思，即宣佈比賽作罷。

大展好書　好書大展
品嘗好書　冠群可期

大展好書　好書大展
品嘗好書　冠群可期